GAOXIAO ZHIHUI TUSHUGUAN SHEBEI XITONG YINGYONG YANJIU

高校智慧图书馆设备系统应用研究

王宇新◎著

安徽师范大学出版社
ANHUI NORMAL UNIVERSITY PRESS
·芜湖·

图书在版编目(CIP)数据

高校智慧图书馆设备系统应用研究 / 王宇新著. -- 芜湖 : 安徽师范大学出版社, 2024. 8.

ISBN 978-7-5676-6737-2

Ⅰ. ①高… Ⅱ. ①王… Ⅲ. ①院校图书馆—图书馆设备—研究 Ⅳ. ①G258.93

中国国家版本馆 CIP 数据核字(2024)第 078902 号

高校智慧图书馆设备系统应用研究 王宇新◎著

责任编辑: 潘　安
装帧设计: 张　玲　汤彬彬
责任印制: 桑国磊
出版发行: 安徽师范大学出版社
芜湖市北京中路 2 号安徽师范大学赭山校区
网　　址: http://www.ahnupress.com/
发 行 部: 0553-3883578　5910327　5910310(传真)
印　　刷: 安徽联众印刷有限公司
版　　次: 2024 年 8 月第 1 版
印　　次: 2024 年 8 月第 1 次印刷
规　　格: 700 mm × 1000 mm　1/16
印　　张: 12.25
字　　数: 200 千字
书　　号: 978-7-5676-6737-2
定　　价: 48.00 元

前　言

随着信息技术不断发展，基于网络化、数字化、智能化的智慧图书馆已经成为发展新趋势。智慧图书馆是“资源+平台+服务”的高度融合体。在这高度发达的信息时代，平台（即设备系统）对图书馆显得尤为重要，它是资源与服务的载体，是智慧图书馆的基础。智慧图书馆设备系统的应用不仅能够提升高校图书馆的管理效率，还能够为读者提供更加便捷、高效的服务。

本书对高校智慧图书馆一些基础设备的应用进行了深入的研究和分析，内容涵盖了设备类型、系统功能、技术方案等多个方面。在编写本书的过程中，作者通过调查研究和多维度分析，对高校智慧图书馆设备的应用背景、应用原则、应用方案等进行了详细的阐述。

首先，本书介绍了高校智慧图书馆的重要基础设备和常见服务设备。从数据中心到云桌面，从RFID到自助打印，智慧图书馆设备涵盖了图书馆的多个业务领域。本书详细介绍了多种关键设备的系统架构和功能特点，为读者提供了全面的设备系统应用方案。

其次，本书分析了高校智慧图书馆设备的技术方案。随着信息技术的飞速发展，图书馆设备已基本实现了数字化和智能化，正在朝着智慧化的目标奋进。本书详细阐述了智慧图书馆设备的多种技术实现方式，涉及物联网、云计算、大数据等。这些技术的应用不仅提高了高校图书馆的管理效率和服务质量，还为读者提供了灵活、贴心的服务体验。

最后，本书总结了高校智慧图书馆设备建设和应用过程中可能遇到的一些重要事项，评估了各系统的技术先进性、技术成熟度、系统重要性、系统复杂性、建设费效比等指标，供业界同行参考。

在撰写本书的过程中，得到了多位同事和专家的关心与指导，本人在此深表感谢。由于智慧图书馆涉及的设备范围较广、种类繁多，加上个人专业知识水平有限，本书内容难免存在疏漏和不妥之处，敬请各位专家给予批评指正。

王宇新

2023年10月

目　录

1 智能微模块机房系统

数据中心在高校图书馆服务中起着不可或缺的作用，它采用智能微模块机房系统，可以有效地支持图书馆的数字化管理、自动化服务和智慧转型等方面的工作。

1.1 智能微模块机房系统应用背景

随着数字化时代的到来，数据的快速增长与处理成为各行各业的重要挑战。智能微模块机房系统作为一种先进的数据中心基础设施架构解决方案，为应对虚拟化、集中化、云计算、高密化等需求应运而生。智能微模块机房系统是以若干IT机柜、电源单元和空调末端单元等功能机柜为基本单位，包含网络、布线、监控和消防等功能在内的独立的运行单元。它可以在工厂预制，现场快速组装后投入使用，实现与机房环境部分解耦。它采用了智能化的监控和管理系统，能够实现设备的实时监控和故障预警，提高管理效率，同时保证机房的稳定运行和数据安全。

智能微模块机房系统通常设计紧凑，占地面积相对较小，这在高校图书馆有限的空间内是非常适合的，它们可以轻松地集成到图书馆的现有建筑中，减少了对额外空间的需求；通常采用物理安全措施，如生物识别、智能门禁和监控系统[1]，以保护关键设备和数据免受未经授权的访问和破坏[2-3]；还可以配置多重冗余电源和网络连接，以应对意外故障；采用节能设计，包括高效的冷却系统、智能电源管理和热回收技术[4]，以减少能源消耗并降低运营成本[5-7]；具有远程监控和管理功能[8]，允许管理员实时监视设备状态、执行维护任务[9-10]，并及时响应问题，从而提高了机房的可管理性。

智能微模块机房系统在高校图书馆的应用，可以实现数据中心远程监控和管理[11]，提高管理效率、安全和稳定性，降低能耗，节省空间，实现快速扩展和升级，以适应不断变化的技术要求；可以提供可靠的数字化服务基础设施，支持学术研究和教育活动，同时确保数据安全和系统稳定性。这有助于高校图书馆更好地满足用户的信息和学术需求，并促进数字化图书馆资源的可持续发展。

2022年11月实施的国家标准《数据中心能效限定值及能效等级》[12]，对新时代IDC绿色发展提出了更高标准。而传统模式的数据中心不仅面临前期投入大、工程复杂、工期长[13-14]，而且存在能耗高、扩展性差、运维难等问题，愈发难以满足新时期图书馆的实际需要。智能模块化机房系统可以更加灵活、高效和安全地满足高校图书馆对未来数据中心的迫切需求，实现全天候智能化运行管理，业务系统资源随需应变。

1.2 智能微模块机房系统应用原则

智能微模块机房系统必须满足当前图书馆各项业务需要，又面向未来快速增长的发展需求，因此必须是安全、可靠、可调整性强，具备智能化、集约化、网络化管理功能的[15]。在应用该系统时，须遵循以下一些原则：

（1）先进性：采用先进成熟的技术和设备，不仅要满足当前的需求，还应兼顾未来业务发展需求，尽可能采用先进的数据通道管理方式，确保机房内部的数据传输效率，同时满足对外部数据交互的高效需求。严格按照最新标准，同时图纸资料应齐全，使用国家规范通用的符号和标记，以确保机房微模块的通用性、可调节性和可维护性，使整个系统在一段时期内保持技术先进性，具有良好的发展潜力。

（2）高可靠性：整个系统必须具有高稳定性，要对数据中心机房的布局规划、结构设计、设备选装、维修维护等各个方面进行可靠性设计和建设。在关键系统设备采用硬件冗余的可靠性设计的基础上，采用专业的软件技术提供完备的管理功能、控制技术和事故监控与安全保密等技术手段来提高机房的安全性、可靠性。

（3）标准化：在中心机房体系结构规划时，应采用国家颁布的有关标准，如各种机房规划、电力电气，以及计算机局域网、广域网标准等，以一致的标准为基础，为未来的业务开展和设备增容做好准备；应尽可能在工厂预制微模块的部件，以缩短部署周期；同时，在物理尺寸允许的情况下，可以简单复制微模块内部的设计，从而提高可靠性。

（4）可扩展性：微模块数据中心建成后可以提供较好的硬件环境基础，应实现信息化基础设施、平台、应用系统等的共享服务，所以必须具有良好的灵活性与可扩展性。机房模块化规划可以根据数据中心的不同业务发展需求进行取舍。

（5）经济性：结合高校图书馆的特定需求及技术发展的趋势，并兼顾主管部门管理的要求，使设计的方案现实可行。采用先进的绿色节能技术，降低PUE值（PUE是Power Usage Effectiveness的简写，PUE值是评价数据中心能源效率的指标值），以较高的性价比构建数据中心机房，使资金的产出投入比达到最大值。用较少的人力，以较低的成本投入，来保障系统正常运转，达到系统的高效能与高效益。

（6）智能化：随着高校图书馆业务的不断拓展，管理工作将会日益繁重。智能微模块机房设计中，必须建立一套全面、完善的管理和监控系统。系统应具有智能化管理的功能，同时采用先进的管理监控系统，实时监控、监测整个中心机房的运行状况，实时语音、灯光、短信或邮件报警，实时日志记录，自动发送报警信息给管理员，这样可以迅速排查故障，提高系统运行的可靠性与安全性，简化数据中心管理与维护工作，从而为数据中心的高效运行提供有力保障。

1.3 智能微模块机房系统应用方案

本系统采用的模块化数据中心应用方案，模块化数据中心整体设计从“正宗的微模块”出发，以“绿色节能”为理念，使模块化数据中心具备机柜、供配电、制冷、自动化管理等系统一体化集成、安全可靠、低噪声、节省机房占地面积和节约能源，安装省时、省力、省心，架构兼容、快速灵活部署、多种电源制式和完善的监控等特点；模块化数据中心机房实现智能、高效地运行，让用户投资最少，获益最大，从而降低运营费用。

高校图书馆机房参考规划：配置1套数据中心微模块系统，微模块包括6至20台的42 U标准服务器机柜（含2只电源分配单元）、1套通道封闭组、1套智能配电柜系统、一套UPS系统、2台不低于55 kW空调、强弱电线组件各1套，还包括动环监控和消防主机。

1.3.1 微模块机房系统设计

1.3.1.1 机房系统定位

模块化数据中心既可作为独立机房承担网络业务，又可作为大型模块化数据中心的一个局域机房，承担部分或局部业务。模块化机房拓扑结构如图1-1所示。

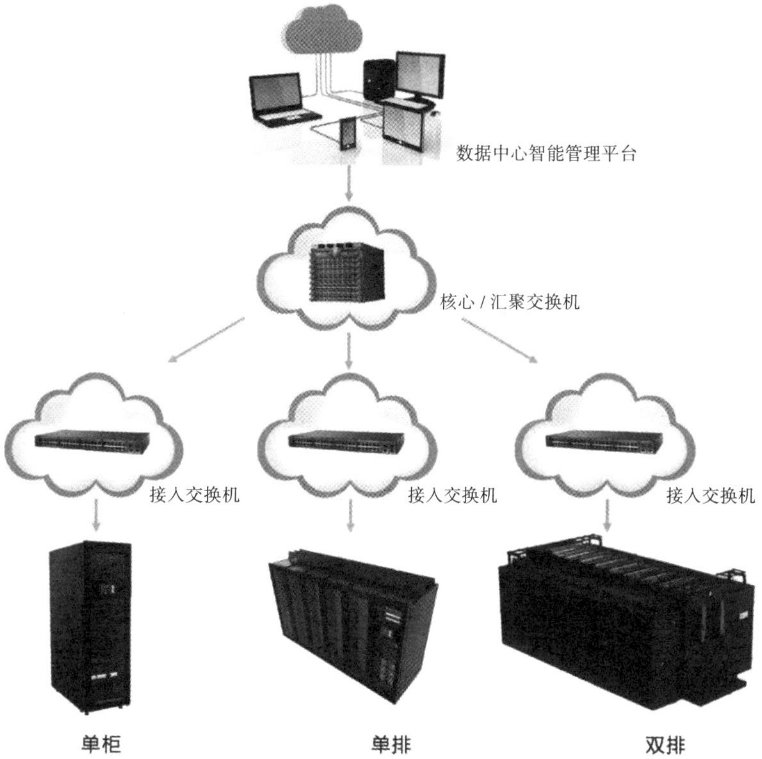

图 1-1　模块化机房拓扑结构

1.3.1.2 机房系统特点

（1）结构方面：微模块机房采用模块化设计，将机房的各个组成部分（如服务器、网络设备、存储设备等）按照功能和性能要求进行模块化分区，形成独立的模块单元。每个模块单元具有独立的结构和支撑体系，可以根据需要进行灵活的组合和扩展。这种结构方式提高了机房的灵活性和可维护性。

（2）组合方面：微模块机房的各个模块单元可以根据实际需求进行灵活的组合和扩展。例如，可以根据业务需求将多个服务器模块进行组合，形成完整的服务器集群；或者将多个网络设备模块进行组合，构建复杂的网络架构。这种组合方式使得机房可以适应不同的业务需求和技术发展。

（3）外观方面：微模块机房的外观通常采用统一的风格和设计，以简洁、现代和美观为主要特点。同时，微模块机房的设计也考虑到设备的散热、环保、节能等因素，使得机房不但具有高效率，而且符合现代审美要求。

（4）气流方面：微模块机房采用合理的气流组织方式，将设备的热量通过风道排出，避免设备过热而出现故障。同时，微模块机房采用独立的空调系统或者精确送风系统来保证机房内部的温度和湿度适宜，确保设备的稳定运行。

（5）配电方面：微模块机房采用独立的配电系统，可以实现对每个模块单元的独立供电和管理。这种配电方式使得机房的供电更加可靠和灵活，同时方便对各个模块单元的能源消耗进行监测和管理。

（6）智能化方面：微模块机房通常配备智能化的管理系统，可以对机房的各个模块单元进行智能监控和管理。例如，智能化的管理系统可以监测设备的运行状态、能耗情况、环境温度等参数，并根据需要进行智能调节和控制。这种智能化管理方式提高了机房的管理效率和设备的运行效率。

图 1-2　模块化机房整体效果

1.3.1.3 机房系统整体组成

数据中心微模块包含机柜、配电列头柜、电源分配单元、行间级空调、通道封闭组件、走线槽等部件组成。

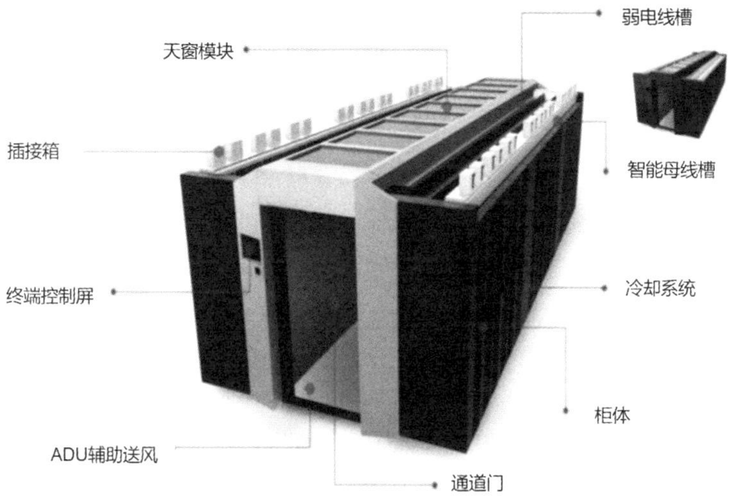

图 1-3 机房系统整体组成

1.3.1.4 机房系统通常具备的主要功能

（1）图 1-3 机房系统采用冷通道的封闭，使冷气不外泄到其他区域，避免与热交换后的空气混合；优化和规范机房内的气流分布组织；封闭冷通道内需自带照明系统；封闭冷通道内设置微环境监测系统，通道温湿度传感器 1 个、每个机柜内温度传感器 1 个，实时监测封闭冷通道内温湿度情况及每个机柜的温度情况。

（2）该机房系统的封闭冷通道，配置 10 英寸左右全彩液晶触摸屏安装在通道门的外侧（嵌入式安装）；内置智能管理单元，可监控列头柜、机柜智能 PDU、冷通道温湿度、机柜内温度等信息，软件可显示设备功率负载等；智能管理单元开放协议并配置 TCP/IP 端口，可接入数据中心动力环境监控系统实施监控管理；可直观显示机柜运行状态，如主界面显示（机柜平均温度、最高温度、最低温度、电源能耗等）、温湿度及电源能耗报警阈值设置界面、传感器数量设置界面等。

（3）该机房系统的顶部天窗模块采用固定式及可开合式混合安装，配置顶部天窗模块锁定装置，以备出现消防隐患时可通过统一手动信号打开天窗模块，顶部天窗模块开启角度可控；具有手动强行打开天窗模块功能；通道两侧隔离门采用平移门；封闭冷通道隔离门需安装门禁系统，冷通道门禁系统接入数据中心机房门禁系统，发卡、权限由数据中心机房门禁系统统一管理；顶部封闭隔离板打开后，管理员到场确认，手动关闭。

（4）该机房系统可以保障在机房出现火灾时，灭火气体能顺利地进入机柜，封闭冷通道设计安装时需考虑设置联动控制模块及模块箱，负责与消防系统的联动控制，控制系统将对机房的消防状态进行监测，如果消防系统报警，可发送指令控制封闭冷通道的顶部隔板锁定装置，使得机柜上盖板能迅速掉下，不影响灭火效果；当灭火完毕后，手动完成上盖板闭合，平时常闭。

1.3.2 微模块机房系统主要模块

1.3.2.1 机柜模块

机柜是数据中心的关键基础设施，主要用来安装服务器、存储等数据设备。机柜主要由机柜主体（又称机架）、前后门、侧板等组成，通过与电源、制冷、监控等模块集成，为柜内设备提供安全可靠的IT微环境。微模块化数据中心配置的机柜尺寸统一，并采用前后风道。

采用标准的42U IT设备安全柜体设计，与可靠的传统数据中心具有相同的特点和功能。柜体内外面板采用重载荷设计理念，内外金属板均有加固装置，所有金属板（包括顶板、底板、内外侧板）的最小厚度为1.5 mm。两板之间夹有绝缘材料，绝热材料最小厚度为40 mm。为了吊装和运输的方便，在柜体顶端有4个高强度的硬钢吊环螺栓，柜体底部装有移动脚轮，并配有不锈钢标准支脚，可以在指定位置进行固定。

门的设计同样采用双层壁板式构造，内有绝缘材料隔离层（40 mm），四周均用密封材料做了很好的密封，能够有效地阻止水和灰尘的进入。两个关闭压力点确保密封性，防止门处于高温状态下发生损坏和变形。拉出把手，90°旋转后即可开关门，把手在锁点上的移动是3 mm的线性移动，而不是卡扣在门框上。这种设计保证了完美的密封性，也减少了火灾或者人为毁坏时的影响。

在机柜的顶部有两个走线器（数据线和电缆线分开），走线器提供一个 120 mm×120 mm 的自由空间，可以满足不同线径的电缆。

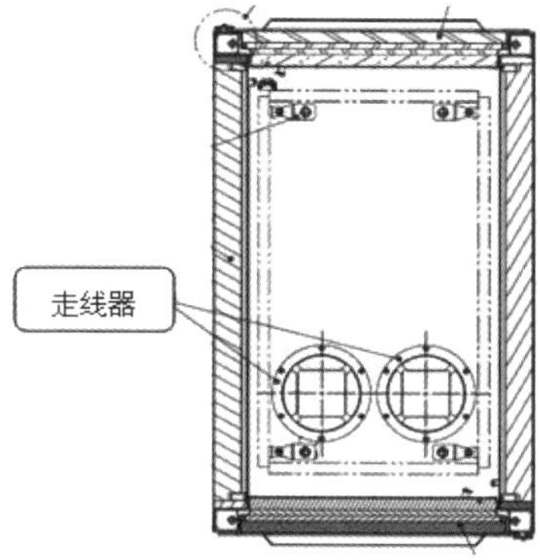

图 1-4 顶部走线器位置

1.3.2.2 门禁模块

根据数据的保密等级选配门禁系统模块，门禁系统能够有效地防止恶意入侵及损坏，确保数据运行的安全性。柜门上有专门的电子锁与门禁系统配合（前后门均可安装），可以通过线圈和机械驱动两种方式开启，防止断电造成的影响。

门禁系统通常采用指纹/密码一体机，指纹容量可达 1500 枚，记录容量可达 50000 条，支持 50 个时间分段、5 个分组、10 个开门组合的多用户进入方式。可使用 U 盘下载开关门记录和短消息功能，通信方式采用 TCP/IP 或 RS232/RS485，使用环境温度范围为 0℃ ~ 45℃，湿度为 20% ~ 80%。整套系统操作简单，支持多种语言版本。

图 1-5 电子锁

图 1-6　指纹/密码一体机

1.3.2.3 供电模块

（1）配电模块：配电模块采用TN-S系统，按《数据中心设计规范》（GB 50174—2017）中A级要求，前端电源需采用冗余电路输入+柴油发电机设计[16]。但一般高校图书馆条件有限，其数据中心可根据自身实际情况选择是否配备发电系统。数据中心区域供电规划为IT设备供电、动力供电。微模块内设置精密配电柜系统为IT机柜提供电源分配。每套微模块供电采用UPS供电，数据中心内共设计20套机柜。数据中心动力系统采用2路市电末端切换方式供电。机房动力配电柜应该选用自动的空气开关，并且与消防系统联动。当机房出现严重事故或者火警时，能够立即切断所有动力电源，机房配电采用三级防浪保护设计[17]。

（2）UPS模块：这是在一个机柜内部集成了可灵活配置和扩容的在线互动式UPS系统，采用机架式智能不间断电源用电气柜，用于安装UPS及配电等模块，组成包含UPS系统和SPM系统或负载配电系统的集成装置，在一个机柜内完成UPS功能和负载分路配电及监控功能。

多种机架式UPS都可安装在网点机柜组内部，单相或者三相的电源解决方案均可。建议电池的储备时间按照2至5小时进行配置，可在机柜组旁边另外增加电池柜来容纳电池。如果UPS是在机柜组就位后进行安装，那么必须考虑机柜内的功率负荷、UPS的散热等问题。由于体积小，网点机柜组的热惯性是非常小的，因此如果IT设备的电功率小于UPS的功率，建议UPS也为制冷机组供电，特别是在中高功率密度的机柜组里。考虑到承重问题，UPS应该安装在机柜组的低位。

图 1-7 UPS 系统

机柜内置的UPS模块具有优良的节能环保特性。在负载率为40%~75%时，效率高于96%，在负载率为25%时，效率高于95%。输入功率因数接近1，输入谐波电流小于3%。此外，机柜具备超强的带载能力。其输出功率因数为1，可以带超前及滞后功率因数负载而不会降额。内置的UPS模块的安装非常方便，上下都可以进出线，无需进线柜。对于维护也十分友好，全正面维护设计，使得对PS、旁路、配电的维修更换都可以在几分钟内完成。此外，内置的UPS模块为改造提供了便利。冗余UPS系统可以共用电池系统。电池组可采用12 V×36节设计，设置灵活，使得在旧系统改造时可以利用原有的电池系统。如果单节电池出现故障，可以及时撤除，避免对UPS系统的运行产生影响。

（3）PDM：采用符合中华人民共和国制造规范和相关行业标准的高品质数据中心电源分配模块，出厂前均须进行必要的出厂试验，性能质量有保证，表1-1是可参考的PDM模块主要性能参数。

表 1-1 PDM 模块主要性能参数

项　目	技术参数
载体材质	冷轧钢板
表面涂装	涂装环氧树脂粉末静电喷涂，整体黑色
外形参数	宽435 mm×深400 mm×高133.4 mm

续 表

项 目	技术参数
占用空间	2 U
输入方式	5口接线柱
输入线缆	5 G×6 mm^2
输入输出参数	输入:220 V双路电源输入,有MTS切换63 A输入,5路防雷等级:CLASSII/C级支持1—4个机柜的扩容
工作环境	输入频率(Hz):50/60 Hz 输入电压:AC,220—240 V 最大负载电流:单相60 A 负载容量:39.6 kVA 基准绝缘水平:1分钟工频耐压(有效值)不小于2500 V
工作温度	-15℃—+40℃
防护等级	IP30
抗震烈度	≤8度(中国12级度标准)
安装方式	19英寸机柜标准横装

(4)PDU:采用标准19英寸机柜横装或竖装的PDU模块。表1-2是可参考的该模块主要性能参数。

表1-2 PDU模块主要性能参数

项 目	技术参数
载体材质	镁铝合金
外形参数	长1600.0 mm×宽44.4 mm ×深44.4 mm
占用空间	0 U(竖装)、1 U(横装)
功能模块	通断指示/防浪涌保护
输入插头	国际电工:IEC 309—16 A
输入线缆	3 G×2.5 mm^2
输出参数	国际电工:IEC 320 — C13(18个) 国际电工:IEC 320 — C19(2个)

续 表

项　目	技术参数
工作环境	输入频率（Hz）：50/60 Hz 输入电压：AC，90—250 V 最大负载电流：16 A
安装方式	免工具安装

1.3.2.4 制冷模块

机房在气流组织方面，主要通过隔离冷、热气流实现节能的目的，推荐的方式有以下几种：传统下送风上回风方式，使用冷通道封闭；行间空调，使用冷通道封闭；行间空调，使用热通道封闭。组合方式如下：解决每个机柜3 kW—5 kW制冷量，建议采用传统送风方式（冷通道封闭结合下送风空调），冷空气进行有效遏制，避免冷热气流混合，有效提高空调的制冷效率。为解决局部热点，可增加ADU可调节空调地板；解决每个机柜5 kW—10 kW制冷量，建议采用行间空调，冷通道或热通道封闭；通道封闭结合行间空调，有效缩短气流通路，且冷媒投放更为精确，气流可预测性较好，机房空调的全部额定制冷量均可得到高效利用。

本系统数据中心设计1套微模块系统，每套微模块包含20台服务器机柜，每机柜按3 kW功率，根据上述公式，每套微模块约60 kW功率；根据制冷量计算，微模块设计2套行级精密空调（60 kW/台）。空调机组的送风方式为前送风、后回风。采用风冷的冷却方式；冷凝器的选配应根据当地的气象条件，保证足够的散热量需求；具有良好的刚性和防腐性能，适应多种环境条件；风冷冷凝器可水平或垂直安装；风机电机等应有良好的防水性能；管路端口应有防止异物进入的措施；可100%正面和后面维护。

该机房空调的控制系统应具有先进的微处理控制器；应采用先进的模糊逻辑控制或PID调节技术；具有LCD大屏幕多行中文显示器，能显示温湿度曲线，具有图形显示机组内各组件的运行状态的功能；应具有大容量的故障报警记录储存的功能，存储历史告警信息不少于500条；机组应具有报警及故障诊断，告警记录功能，自动保护，自动恢复，自动重启动等功能；控制系统应具有多级密码保护功能；具备联动与群控功能：每台机组都应具有独立的控制系统、显示器、加热器、加湿器、独立的温湿度传感器，以保证每台机组的正常运行及高精度运行；每套制冷系统必须配置储液罐，以确保制冷系统运行稳定；每台机组应采用框架式结构，双层面板，内嵌防火吸音棉。

1.3.2.5 新风排烟模块

（1）新风系统：新风系统作为机房空气环境中的必要组成部分，建议选用具有空气温、湿度预处理的吊卧式新风处理机，具有初效、中效、亚高效三级尘埃过滤能力，并能够对机房提供经过温度、湿度处理的新风，新风引入机房后通过与用户精密空调的回风混合，再通过精密空调大风量风机到机房各个角落，以达到维持机房正压和满足工作人员新风的需要。通风系统管道上安装带24 V低压执行机构、电动新风防火阀，平时常开，发生火灾时关闭，联锁风机，关闭新风通道。

（2）排烟系统：依据《气体灭火系统设计规范》（GB 50370—2005），“灭火后的防护区应通风换气，地下防护区和无窗或设固定窗扇的地上防护区，应设置机械排风装置，排风口宜设在防护区的下部并应直通室外，通信机房、电子计算机房等场所的通风换气次数应不小于每小时5次”“储瓶间的门应向外开启，储瓶间内应设应急照明；储瓶间应有良好的通风条件，地下储瓶间应设机械排风装置，排风口应设在下部，可通过排风管排出室外”。

微模块内可集成消防灭火系统，因此应用场景的数据机房内需要装配相应的火灾自动报警系统及灭火系统[18]。数据中心内需要设置烟感、温感及气体灭火系统或规范允许的其他灭火系统（如水雾灭火系统）。微模块设置天窗控制装置与消防系统联动功能，当天窗控制器接到火灾报警信号时，应关闭服务该防护区的通风、空调系统风机，并关闭与防护区相关的所有通风、空调系统风管上的电动防火阀，同时自动打开天窗，保证数据中心机房的灭火剂能够快速进入模块以达到灭火效果，启动气体灭火系统；待灭火结束后，开启设置在防护区底部的排烟阀以及送风管上的电动防火阀，并开启该防护区的事故后排风机，排出惰性气体。

1.3.2.6 机房KVM模块

KVM监控系统可集中监控多台计算机设备，集本地、远程于一身，能极大地提高操作方便性和节省操作空间；系统中所有的用户都可以使用设备内置的OSD（屏幕管理菜单），方便地操作任意一台主机[19-20]。

本系统提供集中控制机房解决方案，用户要求能有1个中心机房用户和2个办公室用户同时来操作以上设备，中心机房目前10台服务器（PS/2），能方便以后扩容。在系统管理人员的统一安排下，操作人员只需要通过控制终端就可以接入分布于机房内的各种平台服务器/设备以进行对这些设备的各种操作而不需要来回穿梭于机房内外或不同楼层。KVM系统应满足如下一些基本要求：技术先进完善，项目实施简单，价格合理，有良好的扩展性。遵循以上要求，设计方案的KVM系统拓扑结构如下：

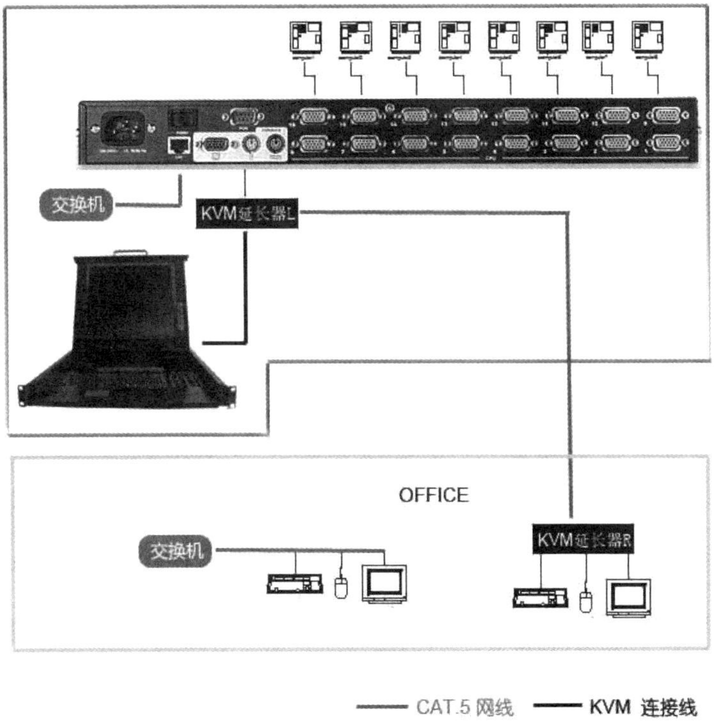

图1-8 KVM系统拓扑结构

1.3.2.7 监控模块

该监控系统采用模块化设计，安装在柜式机房的前上部，只占用1 U的空间。该监控系统将温度、湿度、烟感、漏水、振动、开关门状态等监测功能集于一身，同时可根据用户的需求进行个性化的定制。能够实现远程监控，可通过电子邮件、SNMP卡、短信等方式报警。

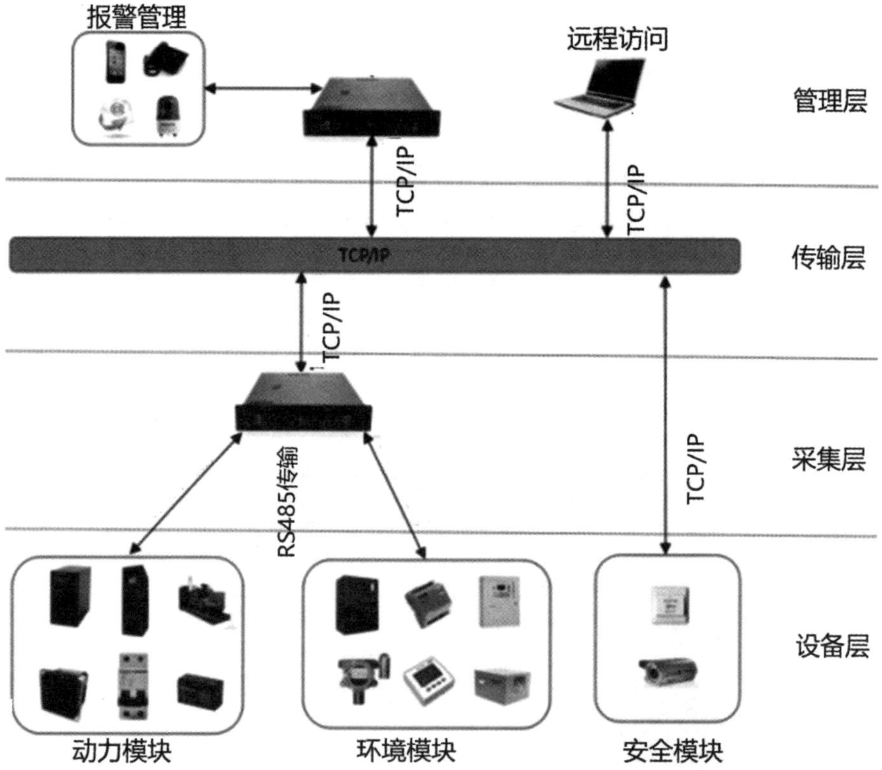

图1-9　监控系统架构

机房环境监控管理系统以安全集中监控为基础，将数据中心动力系统、场地环境、安全防范系统、消防报警子系统集成到一体化平台，进行系统的资源整合，使数据中心的门户管理、系统配置管理有机地结合起来，实现数据中心的智能化、现代化管理，采用模块化结构设计，主要由本地数据库、数据服务、监控业务等模块组成，功能模块如图1-10：

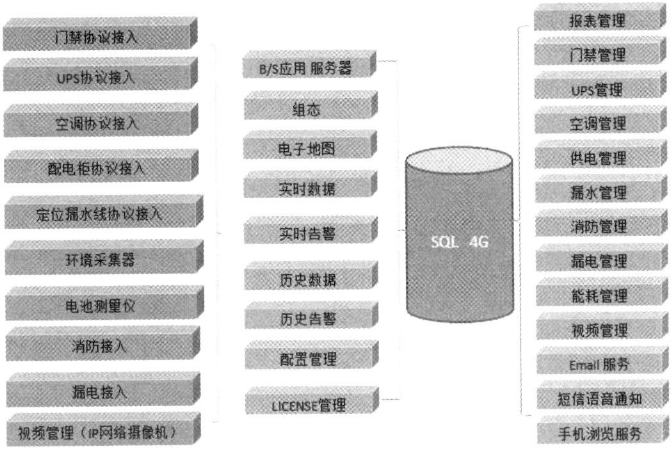

图1-10　环境监控软件平台功能模块

（1）实时监控模块：包括电子地图导航、组态页面、设备监控、实时信号和图像监控等内容。主要用于查看端局的地理位置，系统应提供多种展现和定位方式。电子地图，系统应内置电子地图引擎，可加载电子地图，通过点击分组图标、放大、缩小和移动地图来查找定位监控机房，双击进入实时信号监控。在查找内容输入框中输入要查找的机房名称，输入框中应自动提示和要查找的内容相匹配的端口名称，点击查找按钮，系统应模糊查找定位机房，双击应进入实时信号监控。

（2）协议采集模块：智能设备指能提供RS232/RS422/RS485智能通信口（包含客户找原设备厂家自行购买配套的通信接口板后可提供该类通信口的情况）并能提供配套的通信协议的设备。

非智能设备指不能提供RS232/RS422/RS485智能通信口，不能通过协议监控的方式纳入监控管理系统的设备。非智能设备的监控一般需要通过增加变送器或传感器和采集器的方式，通过接入采集设备来实现监控，对于无源干接点信号，可直接接入采集器进行采集，不需要增加变送器。

（3）设备监控模块：设备监控是查看系统中设备实时数据的模块，应以组态或列表的方式查看一个端局设备的实时数据，并通过该界面对设备进行控制和动态配置。

系统以端局树和设备树方式定位呈现监控数据，端局树根据不同的分组方式显示当前登录用户片区权限内的机房，设备树显示端局树上选中端局下的设备。实时信息显示区显示监控中心、端局分组、端局和设备下的实时信息。实时信息显示应支持列表和组态两种显示方式。实时信息显示区应具备多窗口呈现能力，可以创建多个窗口，展现多条信号实时曲线。

系统向设备发送控制命令时，要输入密码确认，确保设备控制的安全性。设备控制提供重发和确认的功能，对于发送失败的控制命令，用户可以进行重发，同时需要用户确认才能在控制界面中移除。系统应支持在设备监控中对信号进行动态配置。

（4）告警事件模块：告警级别，系统支持三级告警，各种告警门限值参数、阈值可设置，各级告警颜色能根据维护需求确定，当告警发生时均应及时自动提示告警，显示告警信息，并提供告警信息的打印功能。告警延时处理，系统具有告警延时和告警恢复延时设置功能，告警延时时间可由用户设定。在告警延时范围内告警消除时，将不上送告警；在告警恢复延时范围内告警再次产生时，将不产生告警恢复信息。

应具有告警过滤功能，过滤条件可以根据时间、地区、机房、监控对象、监控点、告警数值等由用户进行设置。提供告警过滤功能：可将常用的告警过滤条件存为告警过滤模板，不同人员可根据自己需要定义不同的告警过滤模板，方便下次使用时实际调用，而不需要再输入告警过滤条件。系统应具有告警屏蔽功能，告警屏蔽时，该告警应能被正常记录。系统能自动屏蔽由其他告警引起的非主要告警的功能，设定屏蔽后告警信息不上传。

（5）报表管理模块：报表管理，提供查询、统计、整理和打印有关设备数据统计功能，以及实现基础报表软件的管理。监控管理系统具有将各类历史监测数据、告警数据和操作记录等（以下简称性能数据）保存在系统数据库或外置存储器的功能。

监控管理系统能以直观的形式对性能数据进行显示，并能对收集的各性能数据进行分析，检测异常状态。统计和分析结果应能以报表、曲线图、直方图和饼状图等方式显示。

监控管理系统能定期提供被监控对象的性能数据报告，能产生规定的各种统计资料、图表、交接班日志等，并能够打印。

（6）配置管理模块：监控管理系统能够为用户提供方便实用的机房配置管理功能，通过对监控管理系统各个方面的参数进行设置，从而保证系统正常、稳定地运行。配置模块包含机房设备配置、系统配置、告警通知、告警屏蔽等。配置数据或修改配置数据时应不影响系统正常运行，支持在线配置和修改功能，并能将监控中心配置的数据下载到现场监控单元，以及将监控现场配置的数据上传到监控中心。

（7）子系统能效统计：能效管理系统数据来自机房的UPS、UPS配电柜、市电输入柜、精密配电柜、发电机等配电设备，通过能耗管理模块就可以实时显示每个耗电系统（冷水机组、照明、IT系统等）当前的耗电情况，实时监测数据中心总能耗、IT设备能耗、空调设备能耗等，数据显示支持数据列表、折线图、柱状图和饼状图等，用户可以根据需要自行定义。系统提供全天候能耗曲线，也可以查询这些设备的历史功率。

（8）分模块电能管理：整个数据中心分成多个模块机房，通过在每个模块机房的供电总进线安装电量仪统计该模块机房当前的耗电情况，并展现全天候能耗曲线。

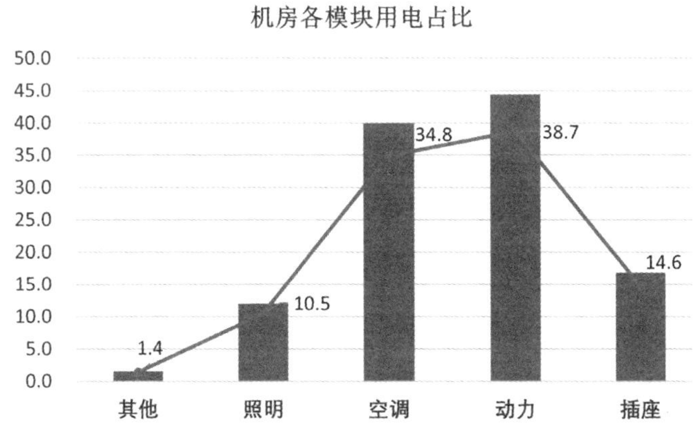

图1-11　机房各模块用电占比(%)

PUE是目前流行的衡量机房电源能效比的指标，也是衡量一个机房是否节能的关键指标之一，条件是在机房设计时要把IT设备用电与机房空调、照明等其他用电区分开；通过对供配电系统的监控，可以计算出当前机房的PUE。

PUE会存储到系统数据库内，方便用户随时检索以往任何时间点的PUE值，方便用户把历史PUE和当前实时PUE进行对比，了解机房电源能效比的变化。

（9）安全管理：监控管理系统具有系统操作权限的划分和配置功能，系统管理员可增删下级各级操作人员并根据需求分配适当的权限。当操作人员取得相应权限时，方可进行相应操作。对于各级操作人员，每人具有单独的账号与密码，系统对于登录和进行重要操作时，应进行账号和密码的验证。系统具有完善的用户登录及操作记录，监控管理系统的登录、操作记录信息不能被修改、删除。

1.3.3 微模块机房系统主要特点

智能微模块机房系统是一种新型的、高度集成化的机房系统，旨在提供高效、可靠的数据中心或通信基础设施解决方案。其特点包括以下几个方面：

（1）高度集成化：智能微模块机房系统通过集成不同功能模块，如供电系统、制冷系统、电子门锁、环境监控系统等，实现了机房设备的高度集成化。这种集成化设计有助于提高机房的整体效率和运行灵活性。

（2）智能化管理：该系统通常配备了智能化管理系统，可以实现对机房设备的远程监控、自动报警、故障诊断和维护管理。通过实时监控和数据分析，运维人员可以及时发现和解决潜在问题，提高机房的稳定性和可靠性。

（3）高度自动化：智能微模块机房系统通常具有高度自动化的特点，可以自动监测和调节机房内部的温度、湿度、空气流通等环境参数，以确保设备运行在最佳的工作状态。这种自动化特性有助于降低人工干预的需求，提高机房的运行效率和稳定性。

（4）灵活可扩展：智能微模块机房系统具有灵活可扩展的特点，可以根据需求进行快速部署和扩展。这种灵活性使其能够适应不同规模和需求的数据中心或通信基础设施，满足不断变化的业务需求。

（5）节省空间：相比传统机房系统，智能微模块机房系统通常占用较小的空间。其紧凑的设计可以有效利用有限的空间资源，特别适用于场地有限或需要快速部署的场景。

（6）高效节能：智能微模块机房系统通常采用最优的架构方案、先进的节能技术和设备，以降低能耗并提高能源利用率。通过优化供电系统和制冷系统等关键组件，可以实现更高效的能源利用，降低运营成本，同时减少对环境的影响。

（7）可定制化：智能微模块机房系统通常具有一定的可定制化特性，可以根据用户现场环境及具体需求进行定制设计。无论是在空间布局、设备配置还是功能模块选择方面，都可以根据客户的特定要求进行个性化定制，可满足不同行业和应用场景的需求。

（8）快速部署：智能微模块机房系统具有快速部署的优势，可以通过模块化设计和预制构件的使用，实现快速组装和部署。这种快速部署的能力使其适用于对时间要求较为紧迫的项目，可以快速响应业务需求并缩短项目交付周期。

（9）低维护成本：尽管初始投资可能较高，但智能微模块机房系统通常具有较低的维护成本。其自动化管理和高效设备设计可以降低维护所需的人力和时间成本，从长期来看有助于降低运营成本并提高整体效益。

（10）可持续发展：智能微模块机房系统通常注重可持续发展，采用环保的材料和技术，具备较高的能源利用率和低碳排放特性。这有助于降低对环境的负面影响，符合可持续发展的要求，并适应日益提升的环保意识和要求。

（11）安全可靠：智能微模块机房系统在设计上通常考虑了安全性和可靠性，包括安全监控系统、灾难恢复机制等。这些安全措施可以保障机房设备和数据的安全，有效应对各种潜在的安全风险和威胁。

综合以上特点，智能微模块机房系统在集成化、自动化、智能化、定制化与灵活性、可靠性、低碳节能性方面具有明显优势，适用于高校图书馆常见应用场景。

1.4 智能微模块机房系统应用要点

智能微模块机房系统具有高度复杂的信息技术环境，在其应用过程中应着重注意以下几方面问题，以确保其可靠性和高效运行：

（1）容量规划：确保机房的容量足够满足当前和未来的需求，避免资源不足或浪费；每年都应进行一次机房容量规划和预测，以根据业务发展需求进行提前扩展或升级；做好机房中长期运行预算，包括电力、硬件维护、人员成本等，以确保机房的可持续运行。

（2）环境监测和控制[21-22]：严格检查机房所处环境，杜绝各类生物、水体入侵的可能，尤其是配电箱、线管等密封好；定期监测和控制机房的温度和湿度，以确保设备正常运行；定期更换空调滤芯，同时检查空调冷凝水排水管是否通畅、水浸报警器是否正常；有条件的还应监测空气中的颗粒物和化学物质，确保环境健康和设备的长期可靠性。

（3）电力管理：定期检查UPS（不间断电源）主机运行状态[23]、电池及配电部分线缆接触情况，每半年要进行电池容量测试，并及时更换达到使用年限的电池，保证UPS系统的正常运行，以应对外部电力中断时的机房用电需求。

（4）监控和远程管理：实施不同层级的远程监控和管理工具，以便及时识别故障和解决问题，减少业务受阻和停机时间；同时实时监控系统，监测设备的运行状态，例如CPU、内存、存储和网络负载，及时将警告和故障信息发送至管理员。

（5）员工培训[24]：要严格培训机房管理人员，使其遵守机房管理相关规定，了解机房组成设备维护和安全管理的最佳操作方法；制订完备的应急预案和管理流程，并培训技术管理员和业务管理者以应对突发情况。

这些注意事项有助于确保智能微模块机房的高效运行、安全性和可靠性，同时最大程度地减少宕机时间和故障。综合考虑这些因素，有助于机房在不断变化的信息技术环境中保持运行能力。

本章参考文献：

[1]薛娟.基于射频识别技术的图书馆中心机房管理系统研究[J].现代情报,2010(4):90—92,96.

[2]马晓亭.基于成本效率最优的云图书馆数据中心智能化管理策略[J].图书馆理论与实践,2012(8):1—4.

[3]程守民.浅议高校图书馆网络中心机房的安全与改造[J].农业图书情报学刊,2011(7):65—67.

[4]陈少春.高校图书馆小型绿色数据中心节能探索[J].图书馆理论与实践,2014(2):34—36.

[5]赵华,沈奎林.智能数据中心在图书馆的研究与应用[J].图书馆学刊,2015(8):110—113.

[6]张小霞.构建高校图书馆数据中心之我见[J].电子世界,2012(20):9.

[7]陈臣,武文慧.云数字图书馆数据中心虚拟化需求分析与管理策略研究[J].高校图书馆工作,2012(5):58—60.

[8]秦格辉.图书馆数据中心系统高可用性策略研究[J].图书情报工作,2014(8):48—52,9.

[9]侯新宇.现代化图书馆机房建设[J].当代图书馆,2011(2):53—55.

[10]王群.数字图书馆中心机房建设的实践与探讨[J].内蒙古科技与经济,2011(22):55—57.

[11]钟智.福建省漳州师范学院经济适用节能型图书馆中心机房初步规划[J].农业图书情报学刊,2012(2):144—147.

[12]数据中心能效限定值及能效等级:GB40879-2021[S].北京:中国质检出版社,2021.

[13]梁莉,王涛.基于云计算和IDC的图书馆建设研究[J].西安文理学

院学报(自然科学版),2015(1):93—97.

[14]李艳,吕鹏,李珑.高等院校高性能数据中心虚拟化系统的建设与研究:以中南民族大学及其图书馆为例[J].图书馆理论与实践,2016(2):74—79.

[15]王喜和.谈图书馆数据中心构建中的处理原则[J].江西图书馆学刊,2005(1):24—45.

[16]郝瑞芳.高校图书馆数据中心双电源切换供电改造[J].电力电子技术,2023(6):40—41.

[17]黄培标.图书馆中心机房的雷电防护[J].百色学院学报,2009(3):131—133.

[18]王宇新,王雅戈,曹夷.高校图书馆IDC硬件设施的一体化建设[J].常熟理工学院学报,2008(10):113—117.

[19]邵晶,阎晓弟,耶健.基于KVM over IP的图书馆中心机房服务器远程监控管理系统的构建[J].大学图书馆学报,2006(5):47—50.

[20]阎晓弟,耶健,邵晶.KVM over IP技术及其在图书馆中心机房远程监控管理的应用[J].现代图书情报技术,2006(4):87—90,76.

[21]赵立辉.国家图书馆数据中心建设与管理研究[J].科技创新与应用,2021(16):181—184.

[22]魏冠华.高校图书馆数据中心机房管理研究[J].科技资讯,2020(18):199—200.

[23]张小霞.浅议UPS在高校图书馆数据中心的使用[J].信息通信,2013(4):284.

[24]王家兵,王成彦.超融合架构图书馆数据中心构建探索[J].中国教育信息化,2019(19):90—92.

2 服务器存储系统

服务存储系统是高校智慧图书馆的大脑，它为图书馆各类信息化、数字化、智能化、智慧化系统提供高效的数据存储、管理和服务，是保障各类文献资源和平台服务正常开展的核心设备系统。

2.1 服务器存储系统应用背景

随着数字化校园快速发展，高校信息化工作有了长足进步，已经构建了高效的校园网络基础环境。图书馆作为现代高等学校的一个重要组成部分，图书馆的数字化也是学校信息化建设必不可缺的组成，已在数字校园建设中占据越来越重要的位置[1-4]。

近几年在大数据和AI技术的加持下，高校数字图书馆向智能化、智慧化加速演进，出现了具备一定智能服务能力的软硬件设备系统，使师生读者对各类文献数据库、电子书刊、音视频资料、App及小程序等业务管理和服务平台的在线服务质量要求越来越高[5-7]，其数据量也呈几何级数增长，对硬件系统的运行速度、系统的可靠性及系统数据的安全性提出了更高的要求[8-9]。这些系统为高校师生读者的教学科研工作起到了重要支撑作用，但由于早期相关设备的局限以及其他多种因素，导致目前这些系统的运行不太平稳，数据安全、网络安全也存在隐患[10-11]，一旦发生故障，数据遭到破坏，将对图书馆各项业务工作的正常开展都有一定的影响，甚至给图书馆造成不可挽回的损失，而避免这种情况的有效途径就是建设一整套功能更完备、性能更可靠、安全更高效的服务器存储系统[12-13]。

高校图书馆应结合自身实际情况，做好本馆智能化、智慧化水平建设规划，在未来3～5年内首先要为所有新的数字化平台和资源服务系统提供相配套的服务器来运行，为相关的系统数据和电子资源提供一个大型的集中存储系统；可以对不同服务器上的存储资源进行整合，将服务器和存储系统紧密连接在一起，从而实现集中管理，满足用户对数据容量和访问性能的要求，保证重要业务系统的高可用性和核心数据的高安全性，并能提供足够的扩展能力，提高资源的利用率。

2.2 服务器存储系统应用原则

从高校图书馆数字化的建设需求来看，整个服务器存储系统的要求是：业务系统的高可用性、运行性能，数据的安全可恢复性，平滑的可扩充性，采用工业标准的开放性，以及可维护性、简易性等方面[14-16]。因此，服务器存储系统的应用基于以下几点考虑：

（1）安全性与先进性：成熟技术，选择已经经过充分验证和广泛使用的技术，以减少出现未知问题的风险。主流设备，使用具有高市场占有率和广泛支持的主流设备，这样可以确保与其他系统和软件的兼容性，并获得更好的技术支持和售后服务。技术领先，关注最新的技术趋势，如人工智能、大数据、云计算等，以确保存储系统能够适应未来的需求。

（2）可靠性与可用性：设计存储系统时考虑冗余和容错机制，确保系统能够在出现故障时自动恢复，最大限度地减少停机时间。数据持久性，使用具有高数据持久性的存储介质和备份策略，以确保数据不会因为硬件故障或其他意外情况而丢失。安全防护，提供完善的安全防护措施，如加密、访问控制和安全审计，以保护数据免受未经授权的访问和恶意攻击。

（3）实用性与可定制性：满足业务需求，根据实际业务需求选择合适的存储系统，以确保数据能够满足特定的性能、容量和可靠性要求。可定制性，提供灵活的定制选项，以适应不同的工作负载和数据类型，例如块存储、文件存储和对象存储等。管理工具，提供简单易用的管理工具，以便管理员能够轻松地监控、管理和维护存储系统。

（4）经济性：总体拥有成本，综合考虑购买成本、运营成本（如电力、冷却、维护等）以及间接成本（如停机时间、数据丢失等），以实现最佳的投资回报率。利用率优化，通过提高存储系统的利用率来降低成本。这可以通过使用自动缩放、精简配置和数据去重等技术来实现。降低运营成本，选择具有低能耗、易维护要求的存储设备，以降低运营成本。

（5）扩展性：可扩展性设计，设计存储系统时考虑可扩展性，以便在需要时能够轻松地增加容量、性能和功能。这可以通过使用分布式存储架构、横向扩展技术等方法来实现。灵活提供多种扩展选项，以满足不同用户的需求。例如，可以按需增加存储容量、提高性能或增加其他增值服务等。可持续性，确保存储系统能够适应未来的技术和业务需求，并能够与新的硬件和软件兼容。这可以通过使用开放标准、通用接口和可升级的软件来实现。

综上所述，服务器存储系统应用原则是确保存储系统的有效性、可靠性和可持续性。这些原则不仅关注当前的需求，还考虑了未来的发展前景，从而确保存储系统为图书馆提供长期的服务保障。

2.3 服务器存储系统应用方案

依据高校图书馆建设规划，为配合各校图书馆的各种数字化平台的建设，实现数字化图书馆的跨越式发展，全面提高图书馆的智慧化服务能力和服务水平，全面提升办学条件，需要为各种现有的和即将构建的数字化平台提供配套的存储系统，并提供整体解决方案，以便为高校的教学科研工作提供更加完善的技术环境与信息服务保障。

2.3.1 服务器应用方案

图书馆服务器是指在网络环境中为客户机（Client）提供服务的、高性能的专用计算机。服务器承担着图书馆管理和数据的存储、检索、发布等关键任务，是数字化图书馆的应用中心、数据中心和管理中心。高校图书馆一般拥有十几个至上百个不等的资源和业务系统在同时运行，由于各系统结构与功能的多样性和复杂性，为便于管理，及时准确掌握各系统或服务器的运行状况，及早发现或排查出现的问题，避免各运行系统之间的相互干扰，可以采用一台硬件服务器运行一个重要系统、非重要系统采用虚拟机运行的基本方案。

2.3.1.1 服务器的要求

服务器要考虑安装环境要求、操作系统要求、支持访问的并发数、数据流量、数据安全要求以及建设规模和投入资金情况等。需要考虑以下问题：

（1）应用系统的选用，访问并发数和对服务器性能、安全方面的要求。

（2）应用系统对系统平台的要求（UNIX/Linux/Win. Server 等）。

（3）馆藏数字资源（包括音视频、电子图书、数据库等）的使用要求。

（4）应用系统的建设规模和资金情况统一综合考虑，一步到位或分阶段进行。

（5）图书馆未来一段时间的数字化建设发展的需要。

（6）服务器技术先进、安全可靠、兼容性好，高速处理能力、网络通信能力强。

（7）服务器厂商的服务、价格等。

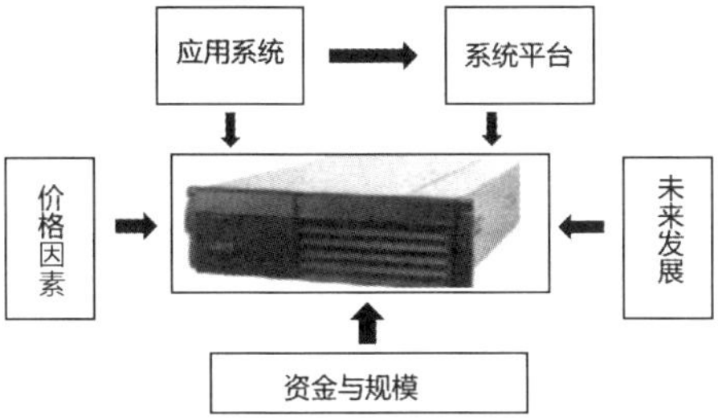

图 2-1 服务器要求

根据以上要求，新馆应用系统可以分为几种情况：

（1）核心应用系统：智慧图书馆业务系统和读者服务管理系统是图书馆核心应用，通常采用大型数据库，保存有图书信息、读者信息等重要数据，要求服务器的性能、可靠性、安全性都很高，并采取诸如磁盘备份、双机备份等措施。

（2）数据资源的访问：包括音视频、电子图书、文献数据库等，这些数据资源大多由供应商提供，是可恢复的，但数据量巨大、访问并发数大，因此要求服务器支持并发访问性能要高、内存大。

（3）图书馆网站：网站系统是面向互联网服务的窗口，服务器的性能要求一般，但系统容易遭到黑客的攻击、病毒的侵袭，因此应提高安全措施。

（4）一般应用系统：这类系统主要是自建的数据库和信息咨询业务系统，它们的并发访问量较小，但系统的数据信息都是自有的，安全性要求高，服务器的配置要求可以相对降低，以实现更好的性价比。

以下是一些常用系统的比较：

表 2-1 常用应用系统比较

序号	应用系统名称	运行平台	主要信息	访问压力	安全要求
1	智慧图书馆系统	Linux/Win. Server	大型数据库	高	高
2	非书资料管理系统	Linux/Win. Server	数据库	低	中
3	跨库检索	Linux/Win. Server	大型文献库	高	中
4	电子图书镜像	Linux/Win. Server	电子图书	低	中

续　表

序号	应用系统名称	运行平台	主要信息	访问压力	安全要求
5	优秀博硕论文镜像	Linux/Win. Server	大型文献库	低	中
6	图书馆网站	Linux/Win. Server	网页	高	高
7	网络学科导航	Win. Server	搜索引擎类	低	中
8	自建数据库系统	Win. Server	文献库	低	高
9	学位论文系统	Win. Server	文献库	中	高
10	个性化服务系统	Win. Server	数据库	高	高
11	座位预约系统	Win. Server	数据库	高	高
12	网络监控系统	Win. Server	数据库	高	高
13	人大资料镜像	Win. Server	文献库	低	中
14	学习考试系统	Win. Server	数据库	中	中
15	数据管理系统	Win. Server	数据库	中	高

2.3.1.2 服务器应用方案

目前，按服务器的类型一般分为塔式、机架式，后者是高校图书馆IDC的不二之选，其操作系统大致可分为两个平台：一个为Linux平台，另一个为Win. Server平台。对于图书馆的核心应用系统，一般选择性能中等的运行Linux平台的独立服务器提供支持，来保证系统的安全性和高可用性；其余业务系统则可选择性能中上的服务器设置成多个虚拟机集中运行，这样可以在适度保证安全性和可靠性的前提下，提高系统整体的经济性和可维护性。

无论在Linux平台还是Win. Server平台下，都有双机热备及群集的技术，群集技术是HA（High Availability）技术的扩展，具有高可靠性及实现负载均衡的能力。因此，对于核心应用系统可采用双机热备的技术，而其他对服务器性能、可靠性要求高的系统可采用双机互备的技术，以满足大量用户同时访问，实现重要应用系统具有良好的可用性，可以为用户提供7×24小时的连续访问，避免因为设备单点故障而引起系统瘫痪，减少对图书馆业务管理和服务工作造成不良影响。

2.3.1.3 双机高可用（HA）技术

1. HA分类：为保证图书馆重要应用系统的不间断运行，通常采用双机集群系统。双机集群技术是运行于两台服务器之上构成一个高可用性集群。可以被HA保护起来的资源是：卷（Volume）、共享文件、应用程序和自定义的应用程序。HA有两种工作模式：双机热备（Hot Standby）和双机互备（Dual Actice）[17]。

双机热备：是指服务器（主机）正常运行工作，备份服务器（从机）处于监控准备状态。当主机宕机时，从机接管主机的工作，待主机恢复正常后，按使用者的预定以自动或手动的方式将服务切换到主机上运行。双机互备：该模式下两台服务器同时运行各自的服务工作，且相互监测对方的情况。当一台服务器宕机时，另外一台服务器立即接管它的工作，保证工作不间断。

双机高可用系统采用将操作系统、应用软件和HA高可用软件分别安装在两台主机上，数据库等共享数据存放在磁盘阵列里，两台主机之间通过网络连接。配置好的系统主机开始工作后，HA软件开始监控系统，通过私用网络传递的心跳信号，每台主机上的HA软件都可监控另一台主机的状态。当其中一台主机发生故障时，心跳信号就会产生变化，这种变化可以通过私用网络被HA软件捕捉。当捕捉到这种变化后，HA软件就会控制系统进行应用切换，即由另一台服务器接管故障主机的工作（包括提供TCP/IP网络服务、存储系统的存取等服务）并报警，提示管理人员对故障主机进行维修。当维修完毕后，可以根据HA的设定自动或手动再切换回来，也可以不切换，双机系统继续工作。

2. 心跳故障检测：HA在集群节点间保持着间歇的通信信号，也叫做心跳信号，是系统错误检测的一个机制。心跳故障检测是HA系统中的重要机制，用于监测服务器和客户端之间的连接状态。它通过在客户端和服务器之间建立心跳通信，定期发送和接收心跳信号来验证连接的连通性。如果连续没有收到的心跳信号达到一定的数目，系统就会认为相应的服务器已经出现故障。

心跳故障检测通常采用基于网络的心跳信号传输机制。客户端和服务器之间建立网络连接，并使用特定的心跳通信协议进行通信。常用的心跳协议包括RDP、VNC和SPICE等。这些协议支持可靠的数据传输和错误检测，以确保心跳信号能够及时传输。为了提高心跳故障检测的准确性，系统会定期发送心跳信号并检测返回的信号。如果长时间没有收到返回的信号，系统会认为出现故障。同时，系统还会记录故障发生的时间和相关信息，以供后续故障排查和审计使用。因而，为了减少由于潜在的通信错误所引起的不必要的系统切换，建议使用不同介质的多条通信路径。

3. 心跳的通信路径：心跳的通信路径是指客户端和服务器之间建立的心跳连接通道。在云桌面系统中，通常采用网络连接来进行心跳通信。为了提高网络的可靠性，通常会建立多个通信路径，以便在某个路径出现故障时，其他路径可以继续传输心跳信号。心跳的通信路径可以使用不同的网络协议和技术来实现。常用的网络协议包括TCP/IP、UDP等。为了确保心跳信号的可靠传输，通常会使用可靠的传输层协议（如TCP）来进行通信。同时，为了提高网络的可用性，可以使用负载均衡和容错技术来避免单点故障和保证网络的稳定性。

在建立心跳通信路径时，还需要考虑网络拓扑结构、网络带宽、网络延迟等因素。根据实际情况，可以选择合适的网络设备（如交换机、路由器等）来构建心跳通信的网络架构。同时，还可以使用虚拟专用网络（VPN）等技术来提高网络的安全性和私密性。

4. HA运行机制：HA运行机制通过在系统中引入冗余和备份组件，以减少单点故障的风险。当某个组件发生故障时，系统能够自动切换到备份组件，以保证系统的正常运行和服务不中断。在技术方案上，HA运行机制可以采用多种技术和方法来实现。常用的技术包括负载均衡、容错技术、备份和恢复等。下面分别进行描述：

（1）负载均衡：通过将服务器的负载分配到多个节点上，以提高系统的处理能力和响应速度。负载均衡器可以位于客户端和服务器之间，用于分发用户请求并确保系统的可用性。

（2）容错技术：通过在系统中引入冗余组件和故障检测机制，以避免单点故障和保证系统的可靠性。例如，可以使用双机热备或集群软件来备份关键服务器和应用程序，以便在主服务器出现故障时能够快速切换到备份服务器。

（3）备份和恢复：对重要数据和系统镜像进行备份，以防止数据丢失和意外情况发生。备份数据可以存储在本地磁盘或远程存储设备上。在发生故障或数据丢失时，可以通过备份数据进行恢复，以快速恢复正常服务。

综上所述，心跳故障检测、心跳的通信路径和HA运行机制是高可用系统中的重要技术方案和功能。通过这些技术的实施和应用，可以提高系统的可靠性和稳定性，为用户提供不间断的系统服务。

2.3.2 存储系统应用方案

2.3.2.1 存储系统架构的分类及其特点

目前在存储方式上主要分为三种，即DAS、NAS和SAN。下面分别简要介绍。

DAS（Direct-Attached Storage，直连式存储）是一种将存储设备直接连接到一台服务器上使用的存储方式。这种存储方式的技术路径相对简单，存储设备通过SCSI接口与服务器相连，服务器可以直接访问存储设备上的数据。DAS的优点包括低购置成本、简单的配置、易用性和对小型用户的吸引力。然而，DAS也存在一些缺点，例如服务器瓶颈、数据备份操作复杂等。

NAS（Network-Attached Storage，网络附加存储）是一种专业的网络文件存储及文件备份设备，或称为网络直联存储设备、网络磁盘阵列。NAS设备直接连接到TCP/IP网络上，网络服务器通过TCP/IP网络存取管理数据。NAS的技术路径包括将存储设备连接到TCP/IP网络上，并通过文件共享协议（如NFS、CIFS等）实现数据的访问和共享。NAS的优点包括易于扩展、方便集中管理和数据备份、无缝升级等。但是，NAS的缺点包括网络传输性能可能成为瓶颈、价格较高等。由于NAS系统是基于NFS（Network File System，SUN制定）及CIFS（Common INTernet File System，微软制定）协议的文件共享方式，所以NAS更适用于以文件共享方式运行的应用，如工程CAD/图形/图像/大文件的共享和备份等。

SAN（Storage Area Network，存储局域网络）是一种通过光纤集线器、光纤路由器、光纤交换机等连接设备将磁盘阵列、磁带等存储设备与相关服务器连接起来的高速专用子网。SAN的技术路径包括构建专门的光纤通道网络，将存储设备连接到服务器上，实现大量数据的快速传输，提高存储设备的利用率，实现集中管理及备份等。SAN的优点包括高传输性能、系统的吞吐率、可用性、可靠性 和可管理性都高，适用于大数据流的数据库、OLTP（联机事务处理）、灾难恢复、不占局域网资源的备份等应用。SAN的缺点包括需要构建专门的光纤通道网络、实现难度较高、需要专业人员和工具进行管理和维护等。

综上所述，DAS、NAS和SAN各有其技术路径和优缺点，选择哪种存储方式取决于具体的需求和环境，在选择时可以根据实际情况权衡和考虑。在选择存储方案时，需要考虑以下几个因素：

（1）存储需求：根据业务需求确定存储容量、性能和数据安全性等要求。

（2）网络环境：根据网络架构和数据量确定合适的网络拓扑结构和带宽。

（3）服务器资源：评估现有服务器的性能和资源占用情况，确定是否需要额外的服务器或进行资源整合。

（4）成本投入：综合考虑购置成本、维护成本和人员培训等各方面因素，确定合适的投入方案。

（5）可扩展性和可维护性：考虑未来的业务发展和数据增长，选择可扩展性强、易于维护的存储方案。

（6）数据备份和容灾：根据业务需求确定合适的备份策略和容灾方

案，确保数据的安全性和可靠性。

在选择DAS、NAS和SAN这三种存储方式时，可以根据上述因素进行评估和比较。

对于小型用户，DAS是一种较为经济实惠的选择。由于DAS依赖于服务器进行存储和管理，因此适用于数据量不大、服务器资源充足且对数据安全性要求不高的场景。但是，DAS也存在一些限制，例如服务器瓶颈可能导致性能下降，数据备份操作相对复杂等。

对于需要大量数据共享和备份的场景，NAS是一种较为合适的选择。NAS可以实现多台服务器之间的文件共享和备份，同时支持多用户访问和权限管理等功能。此外，NAS还具有易于扩展和集中管理的优点，适用于中小型企业和分支机构等场景。但是，NAS的价格通常较高，对于一些预算有限的企业来说可能不太适合。

对于需要高性能、大量数据传输的数据中心，SAN是一种较为理想的选择。SAN通过构建专门的光纤通道网络，可以实现高速数据传输和存储的高可用性。此外，SAN还支持集中管理及备份等功能，适用于对数据安全性要求较高且需要高性能计算的场景，例如金融、医疗和企业级数据中心等。但是，SAN的实现难度较高且需要专业的维护和管理团队，对于一些技术力量有限的企业来说可能不太适合。

综合上述三种存储系统的功能和特点，从系统的实用性、先进性、安全性、可靠性、可扩展性等建设原则来看，SAN架构的存储系统能够更好解决主机系统对磁盘的块级（Block-Level）存储数据调用，满足高校图书馆数字化系统平台的建设需要。目前，基于SAN架构的存储系统按主机通道技术，又分为基于光纤通道技术（FC-Fibre Channel）和基于IP技术的两种SAN。

2.3.2.2 FC-SAN与IP-SAN的比较选择

从1999年开始，EMC、IBM、HP、SUN等跨国公司相继推出了自己的SAN产品。SAN是随着光纤通道技术的出现而产生的新型存储系统产品，这种网络采用高速的光纤通道作为传输媒体，以FC的应用协议作为存储访问协议。

近些年，由一些存储产品厂商推出的IP-SAN产品中，TCP/IP协议栈是作为传输块数据的存储互联手段而存在的，但凡采用TCP/IP技术承载块数据的协议都可以归结到IP存储协议之中，与其相关的互联网小型计算机系统接口（iSCSI）协议的RFC（Request For Comments）草案是由国际互联网工程任务组（IETF）在2003年通过的。

这两种SAN系统在设备稳定性、可扩展性、可靠性、可管理性和跨平台性等方面存在以下一些差异：

（1）设备稳定性。FC-SAN：由于FC-SAN使用高效的光纤通道协议，并大量依赖硬件来实现功能，如后端存储子系统的存储虚拟化通过带有高性能处理器的专用RAID控制器实现，中间的数据交换层通过专用的高性能ASIC来进行基于硬件级的交换处理，大大提高了整个FC-SAN的稳定性。IP-SAN：由于IP-SAN使用通用的IP协议，目前厂商所推出IP-SAN产品，都只是主机提供iSCSI接口，对于磁盘则都还不具备iSCSI接口，所有的协议转换及处理大部分依赖于软件实现。软件的不稳定性因素随着软件的复杂度增加而呈指数级增加，从而降低了整个系统的稳定性。特别是在大型网络中，这种降低会更加明显。

（2）可扩展性。FC-SAN：FC-SAN的可扩展性受到一定的限制。虽然光纤通道网络基于流控制的封闭网络，可以减少CPU周期并提高传输效率，但由于其使用的是专用的光纤通道协议，因此在需要进行大规模扩展时可能会遇到一些困难。IP-SAN：IP-SAN的可扩展性相对较好。由于使用的是通用的IP协议，IP-SAN可以方便地通过增加网络设备或修改配置来进行扩展。此外，IP-SAN还可以利用现有的网络架构和设备进行部署，降低了扩展的成本和难度。

（3）可靠性。FC-SAN：由于FC-SAN的设备稳定性较高，因此其可靠性也相对较高。在光纤通道网络中，数据传输的可靠性得到了很好保障，因为数据传输是基于硬件实现的，而非依赖于软件处理。IP-SAN：虽然IP-SAN在某些方面具有优势，但其可靠性相对较低。由于IP-SAN的数据传输依赖于不安全、不可靠的IP网络和软件实现，因此在数据传输的过程中，可能会受到网络故障、设备故障等因素的影响，就很容易导致延迟的情形发生，导致数据传输的中断或数据丢失，严重影响了传输的效能，甚至数据的正确性。

（4）可管理性。FC-SAN：由于FC-SAN的设备稳定性较高，因此其故障率较低，管理相对简单。同时，由于FC-SAN基于光纤通道协议，因此可以方便地通过专用软件进行管理和维护。IP-SAN：虽然IP-SAN的可扩展性较好，但由于其依赖于通用的IP协议，因此需要使用通用的网络管理和维护工具进行管理和维护，这可能会增加管理的复杂性和难度。

（5）跨平台性。虽然目前Windows、Linux、Unix、Netware都已陆续推出软硬件的iSCSI Initiator，但数量及完备性仍不足，尤其是版本特别多的Linux，目前只有SuSE及Redhat解决方案；其中，SuSE只有软件、Redhat只有硬件。此外，HP-UX及Novell Netware只有软件，SUN Solaris则只有硬件，而且一些平台上的设定十分复杂困难。

换句话说，目前只有微软Windows平台具备最完备的支持性。但是目前业界及政府机构的数据中心，有相当数量是采用非Windows平台系统，再加上大部分图书馆内部业务与资源系统是属于多种作业平台环境，所以跨平台解决方案的提出，仍是亟待解决的重要课题。

前面已提到的iSCSI Initiator可分为三种，即软件Initiator驱动程序、硬件的TOE（TCP Offload Engine，TCP卸载引擎）HBA卡及iSCSI HBA卡。就效能而言，Initiator驱动程序最差，TOE居中，iSCSI HBA卡最佳。但是iSCSI HBA只能走iSCSI协议，而无法透过NFS（Network File System，SUN制定）或CIFS（Common Internet File System，微软制定）等档案系统协议与应用服务器沟通。Initiator驱动程序及TOE则同时支持iSCSI、NFS及CIFS三种协议。

对于FC-SAN系统，经过近20年快速稳健的发展和市场的考验，系统的跨平台性已经得到很好解决，且可以很好地发挥系统的效能。

综上所述，虽然IP-SAN系统在数据远程备份容灾和价格方面有一定的优势，但无论是在系统的可靠性、稳定性、跨平台性，还是所采用的技术成熟度，FC-SAN相比于IP-SAN都具有优势，因此，在经费允许的条件下，采用FC-SAN构建大型存储系统肯定是可以很好地满足高校图书馆数字化系统建设要求的，也可以避免采用新技术新产品而带来的风险。

2.3.2.3 存储系统的磁盘选择

按照数据接口类型，一般可以把磁盘分为IDE磁盘、SATA磁盘、SCSI磁盘、光纤通道磁盘、SAS磁盘等几类。采用不同的磁盘数据接口，对存储系统的数据传输速度、容量扩展、阵列规模、成本、技术复杂程度和维护复杂程度都有很大的影响。这些数据接口技术各自有不同的适用环境。

（1）IDE（Integrated Drive Electronics）磁盘。该磁盘广泛使用在PC机上。其有以下特点：

①数据传输模式为高级内存直接访问（Ultra DMA 33/66/100）。

②传输速率对应为33 MB/sec，66 MB/sec，100 MB/sec。

③磁盘转速≤7200 rpm。

④不支持热插拔。

⑤不支持多链路。

⑥多任务时性能下降。

⑦传输距离短，可挂接设备少，可扩充性差。

⑧顺序读写，不能很好满足实时在线关键业务。

⑨可靠性不佳。

由此可见，IDE磁盘只适合于PC机简单应用，不适合作为大型系统的关键业务数据和海量数据的存储。

（2）SATA（Serial Advanced Technology Attachment，即串行ATA）磁盘。该磁盘采用一种新的磁盘接口技术。以前磁盘所有的ATA接口类型都是采用并行方式进行数据通信，因而统称并行ATA。而SATA采用串行方式数据打包，然后采用比并行式更高的速度（高50%）进行数据传输。SATA继承了ATA的低成本和软件兼容性的优点，又对I/O采用了CRC数据保护措施，而且具有电缆连接器引脚数量少、1 m长电缆和性能可扩展的优势。目前SATA已经呈现出直接取代并行ATA接口之势。其有以下特点：

①数据传输模式Serial ATA-150。

②传输速率对应为300 MB/sec（SATA II）。

③磁盘转速≤10000 rpm。

④支持热插拔。

⑤不支持多链路。

⑥传输距离比IDE磁盘阵列稍长，可扩充性高。

⑦顺序读写，不能很好满足实时在线关键业务。

⑧价格较低。

⑨可靠性比IDE硬盘稍好。

因此，这种串行ATA技术特别适用于那些已经存储但又不被连续和即时访问的数据。SATA磁盘阵列将被用作负担较轻的企业存储，而非用于要求进行近于不间断读写操作的大负载事务处理应用。负担较轻的情况包括分散存储、非关键性应用、备份、归档、内容服务和决策支持应用。在要求高可用性、高安全性的环境中，SATA磁盘阵列不是理想的选择。

随着ATA、SATA磁盘的成本正逐渐接近甚至低于磁带，基于磁盘的备份技术正在成为一种潮流，磁盘有取代磁带成为备份主流介质的趋势。因此，各大厂商纷纷采用SATA磁盘阵列作为虚拟磁带库产品推出。

（3）SCSI（Small Computer Standard Interface）磁盘。SCSI接口又称为小型计算机系统接口，是一种连接主机和外围设备的接口标准，支持包括磁盘驱动器、磁带机、光驱、扫描仪在内的多种设备。SCSI以前主要用于小型机及高级工作站，现在主要品牌的服务器厂商都在主板上直接集成了SCSI接口。其规格较为复杂，一般自带控制器，也较为复杂，这就是SCSI磁盘比IDE磁盘贵的原因。但SCSI界面能有效地利用硬件特性而提高其速度，其控制器还能对主机发给SCSI磁盘的命令进行缓冲、排队，并进行优化处理（命令队列）。其有以下特点：

①目前的常用标准是Ultra 160，Ultra 320。

②传输速率对应为160 MB/sec，320 MB/sec。

③磁盘转速≤15000 rpm。

④支持热插拔。

⑤不支持多链路。

⑥传输距离比较长，可挂接较多设备，拥有较强扩充能力。

⑦随机读写，阵列中的各个磁盘一起做存取的动作，能充分发挥SCSI的传输速率快等特点，能很好满足实时在线关键业务。

⑧价格较低。

⑨可靠性较好。

因此，SCSI磁盘阵列普遍被用于中小企业的服务器小型存储，而不能满足更高性能要求的大型存储。

（4）FC（Fibre Chanel）磁盘。光纤通道在1994年推向市场时是106 MB/s的双端口串行存储器接口，目前已经达到425 MB/s的传输速率。与SAS一样，FC端口允许在每个通信端口上同时传入和传出数据。在本地级利用铜缆，端口与端口（硬盘与硬盘）之间的距离可以达到30 m，而在分系统或者光纤级采用光缆则允许连接距离为10 m或者更远。其有以下特点：

①传输标准2 Gbps光纤通道仲裁环路（FC-AL）。

②传输速率对应为425 MB/sec。

③磁盘转速≤15000 rpm。

④支持热插拔。

⑤支持多链路。

⑥传输距离达10 m，可接126个设备，拥有较强扩充性能力。

⑦价格较高。

⑧对管理和配置有较高要求。

⑨随机读写，能很好满足实时在线关键业务。

⑩可靠性高。

因此，采用光纤磁盘的阵列被广泛应用于各种需要高性能、高可靠性、高扩展能力的关键业务的数据存储上。

光纤磁盘阵列的主要优势是其高可用性和高扩展性。

第一，光纤磁盘阵列具有普通磁盘阵列所支持的各种高可用性功能，包括对硬盘热插拔、Hot-Spare热备硬盘、RAID组技术、RAID组自动重建、在线RAID组扩容等技术的支持，控制命令队列、磁盘阵列配置备份、缓存电池保护和硬盘故障自动检测等。此外，光纤磁盘阵列的双控制器、多冗余环路和多主机接口的冗余配置不仅保证了本机的可用性，而且可以防止存储区域网上其他设备故障对数据存取的影响。光纤磁盘阵列在存储共享和高可用性的优势之后才可以提到高性能的优势。光纤通道较传统存储技术（如SCSI）来说，支持更高的性能。目前，光纤磁盘阵列对内、对外都可以支持200 MB/s的全双工读写。

第二，光纤磁盘阵列的另一个优势是其高可扩展性。一方面，由于其采用仲裁环结构，理论上一个环上可以接多达126块硬盘，这相对于SCSI总线上最多15块硬盘的容量明显高了很多，而且还可以通过增加同一个磁盘阵列支持的环路数来增加支持的硬盘数。另一方面，在由光纤通道构成的存储网络中，由于光纤磁盘阵列可以被共享，当某台主机访问某台阵列上安装的硬盘达到最大而不能再扩充容量时，完全可以通过将另一个阵列上的存储空间共享给该主机实现实际的存储空间的扩展。

（5）SAS磁盘。SAS（串行SCSI）磁盘是存储厂商最新推出的存储产品，其基本性能特点是：

①传输标准3 Gbps全交换环路。

②传输速率≥300 MB/sec。

③磁盘转速≤15000 rpm。

④支持热插拔。

⑤支持多链路。

⑥传输距离比较长，可挂接较多设备，拥有极强扩充能力。

⑦随机读写，阵列中的各个磁盘一起做存取的动作，能充分发挥SCSI的传输速率快等特点，能很好满足实时在线关键业务。

⑧价格高。

⑨SAS磁盘阵列的磁盘接口兼容SATA磁盘。

⑩盘阵列对管理和配置有较高要求。

⑪可靠性高。

作为并行连接SCSI的后继技术，串行连接SCSI（SAS）专为满足高性能需求而设计，并实现与串行ATA（SATA）的兼容互操作，可为系统的调整和扩展带来灵活性，在一定程度上也可以节约成本。

在存储系统中使用SAS中间背板可同时支持高性能、高可靠的SAS硬盘和经济有效、大容量的SATA硬盘。前者可满足事务型数据的存储需要，而后者是参考型数据和大吞吐量数据存储的理想选择。因此，用户可以使用一个而非两个平台来支持所有三个不同层面的应用。

目前，SAS备受市场关注，主要源于其几个方面的性能优势。例如，一个SAS接入可支持四路SAS宽线，换言之，即每个连接支持4×300 MB/s。系统上的SAS连接在理论上可支持1200—2400 MB/s。另外，每个性能为3 GB的SAS硬盘连接到一个3 GB的硬盘接入口，可提供足够富余的带宽以实现顶级驱动性能。假定一个子系统中有12块SAS硬盘，每块硬盘的性能为300 MB/s，则12块硬盘提供的性能相当于3600 MB/s，大大优于2 GB光纤通道环和U320并行SCSI总线。根据SAS的开发路线计划，从3 GB开始，到2007年加倍到6 GB，然后再次加倍至12 GB。

基于SAS硬盘的子系统支持主动—主动式控制器，可由SAS、光纤通道或iSCSI提供故障恢复和冗余主机连接。这些子系统也支持冗余的可热插拔电源、冷却系统，以及与基于光纤通道和SCSI的阵列相同的机架服务、RAID及软件功能。

SAS最为人们所熟知的优势当属其在外部存储中的配置灵活性。无需对系统进行任何修改和变化，一块SATA硬盘可插入一张SAS中间背板上，而阵列中的控制器和软件也能够无缝地支持由SATA和SAS混合构成的系统。这种灵活性是光纤通道和并行SCSI子系统难以实现的，只有SAS能够为用户同时提供两种技术的优越性。

SCSI其由于结构性局限，无法扩充多个硬盘机架。与之不同的是，利用SAS可以将系统扩充到16384块硬盘。

综合以上各种磁盘（阵列）性能特点的分析，根据光纤磁盘阵列和SAS磁盘阵列，可以很好地满足高校图书馆数字化系统对大容量数据存储、高可用性/高可靠性、高性能和高扩展性的应用环境的要求，亦可以解决核心业务数据的安全性问题。

2.3.2.4 磁盘阵列的磁盘配置

在存储系统设计中，方案通常强调本系统不能仅仅着眼于本阶段业务处理的需求，而且要考虑到今后5年的发展。因此方案要求系统的几个关键组成能够满足先进性、可靠性、扩充灵活性、开放性及性能价格比和投资保护等方面的要求。

根据馆内常见应用系统规划，磁盘阵列的总存储空间需求约为25 TB。在数字化系统应用后，读者对系统所存储资源的访问量应该主要集中于少部分的重要业务资源或热门资源，如汇文系统数据、各种等级考试资源、最新影视资源等，而存储系统中大部分资源的访问量是相对少的。因此，在保证系统性能足够可用，同时节约投资成本的前提下，方案将把所有数字资源分为在线存储（5 TB）和近线存储（20 TB）两部分资源，综合以上对各种磁盘（阵列）性能特点的分析，可以采用10块单盘容量为500 GB的整体性能较高的FC磁盘或SAS磁盘做在线存储，而采用10块单盘容量为2 TB的整体性能较低的SATA Ⅱ磁盘做近线存储，以达到系统建设的预期目的。

2.3.2.5 磁盘阵列的性能概述

对于大型磁盘阵列的应用，不仅要选择适合的系统架构和磁盘类型，还要选择合适的硬件机械性能，以及阵列管理、数据管理和路径管理的一些重要功能与特性。以下是根据本案例数字化应用的实际情况，对磁盘阵列提出的相关功能与特性要求。

（1）系统的可扩展性。

①存储系统（包括磁盘阵列），可提供高可扩展性、可在线扩容，有

很好的投资保护。

②在异构环境下，不同厂家不同操作系统的多个服务器可以共用1台或多个的存储装置。

（2）系统的高可靠性。

对于高校图书馆应用的存储系统，要求系统具有稳固的运行能力：

①所采用的磁盘阵列产品在结构上及硬件组成上完全是冗余设计（如阵列控制器、后端2条光纤环路、电源、风扇、链路控制器、双口光纤硬盘等），不存在单点故障，确保整套系统的安全运行。

②磁盘阵列可采用不同的RAID保护级别，保证用户的不同需求。

③所有硬件均可支持热插拔，保证系统应用的连续性。

④系统数据安全性很高，可根据用户的要求，完成数据的隔离或共享。

⑤可通过增加应用软件来支持物理通路的冗余连接，以提高系统的安全性。

⑥在控制器层实现控制器在线冗余替换，保证系统7×24小时在线运行。

⑦控制器内的Cache实现实时系统镜像，保证数据的安全性交易和存储。

⑧数据在进入主机通道控制器后，阵列提供专门的硬件校验电路，确保数据能够安全准确地输送到磁盘阵列的磁盘中进行安全存储。

⑨完善的磁盘错误检测机制，提供全局磁盘故障检测，即在磁盘真正出现故障之前能够及时准确地将数据提前复制到热备份磁盘中，确保数据的安全存储。

（3）系统的高性能。

①吞吐量：磁盘阵列系统可以支持高速的数据传输，可以通过增加硬盘数量来提高数据吞吐量。

②I/O性能：磁盘阵列系统可以支持多个I/O请求，可以同时处理多个数据访问请求，从而提高系统的I/O性能。

③缓存：磁盘阵列系统通常配备大容量缓存，可以减少硬盘访问次

数，提高系统的响应速度和性能。

④并发性：磁盘阵列系统可以支持多个主机同时访问，从而提高了系统的并发性。

⑤可扩展性：磁盘阵列系统可以支持在线扩容，可以方便地增加硬盘数量或扩展存储容量，从而提高了系统的可扩展性。

⑥高可用性：磁盘阵列系统通常配备多种高可用性功能，如RAID保护、热备份盘、自动重构等，从而提高了系统的可靠性和可用性。

（4）其他技术性能。

目前，有些存储系统产品还可以提供以下几项非常实用的技术性能：

①近线FC磁盘驱动器应支持经济模式，采用MAID（Massive Arrays of Inactive Disks，大规模非活动磁盘阵列）技术的经济运行模式能在预定的时间停止主轴转动，不访问磁盘的时候停止主轴转动，这样可以减少能源消耗，更环保。

②动态硬盘流量控制（DTC），在RAID系统内动态地分配系统对I/O请求的响应时间，使服务器到硬盘的访问性能达到最优。

③预拷贝功能，该功能设定了硬盘读取错误的阈值，当发生频率增大超过阈值的时候，数据会自动拷贝到热备份盘上，通知管理者交换硬盘。

④RAID重组技术，可以把不同时期购买的不同容量的磁盘，甚至是不同设备上的磁盘统一起来使用，简化服务器的管理。

2.3.3 服务器存储系统的整体方案

根据高校图书馆的各类业务应用系统的需求分析，为不同信息化平台对硬件和软件的不同要求，提供一套整体的解决方案，并且充分地考虑到整体的存储系统架构的合理化设计以及所选用设备的可靠性、先进性、可扩展性等，确保目前设计建设的存储系统能满足今后5年内智慧化图书馆的发展需要。

综合以上对服务器、存储系统、网络安全和UPS应用需求的分析，服务存储系统整体应用方案的拓扑结构可参考下图：

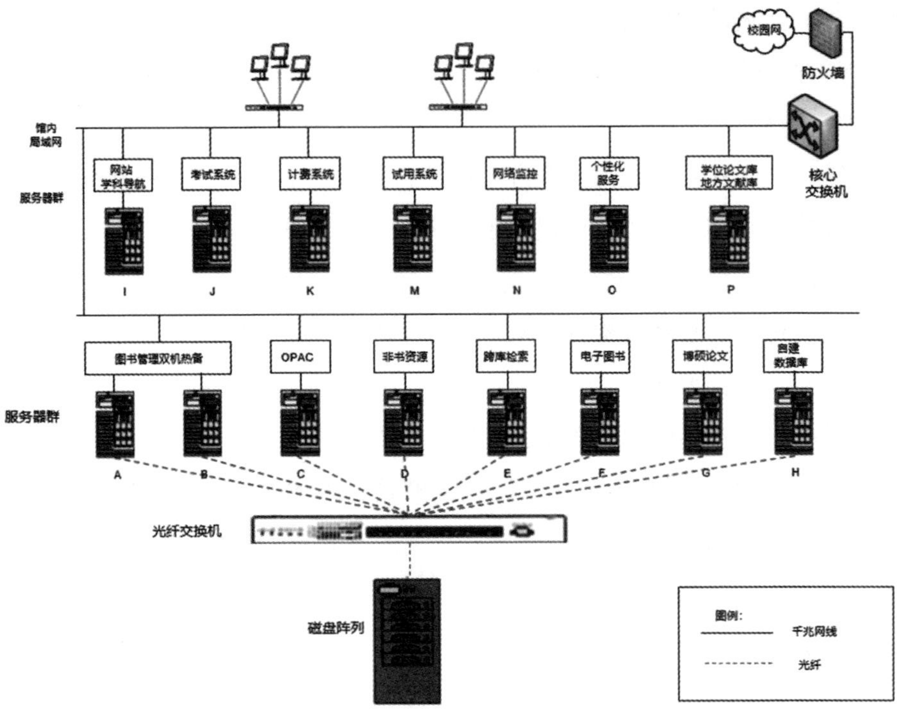

图 2-2　图书馆存储系统拓扑图

以下是整体方案简介：

该存储系统建设于馆内局域网的千兆主干网络上，主要包括一套防火墙、一台连接校园网的核心交换机（已经配备）、15台服务器（其中4台已经配备）、一台16口的4 GB光纤交换机、一套采用光纤主机通道的容量25 TB磁盘阵列（FC-SAN）及相应的各种应用系统，这里对该存储系统的总体结构进行详细说明：

在需要与磁盘阵列相连的7台服务器中，每台服务器配备一个4 GB FC-HBA，通过光纤通道和16口的4 GB光纤交换机，构成多主机共享存储的存储网络SAN架构，为今后的业务的扩展打下良好的基础。

对于核心业务数据库双机、非书资源管理系统与跨库检索系统的双机、电子图书镜像系统与优秀博硕论文镜像系统的双机，共六台服务器，每台都配备2个以太网卡和2个通信串口，以便做HA双机，连接UPS和以太网。而对于自建数据库系统、网站、网络监控系统、个性化服务系统、虚拟参考咨询系统的服务器分别配备2个适当容量的支持热插拔的磁盘，做RAID 0+1数据镜像，保证数据安全。

容量5 TB的FC磁盘阵列配备10块单盘容量为500 GB的整体性能高的FC磁盘或SAS磁盘做在线存储，而采用10块单盘容量为2 TB的整体性能较低的SATA Ⅱ磁盘做近线存储；并且按核心业务数据存储区、重要数字资源存储区、一般数字资源存储区将所有存储磁盘划分成数个单元，做RAID 5，以提高重要数据或数据资源的安全性。

FC磁盘阵列配备相应的管理软件，如磁盘阵列的管理软件，负责管理整个的磁盘阵列的初始化配置、SAN架构的管理、服务器访问权限的划分（服务器的信息由服务器端的Agent软件提供），以及在使用过程当中的阵列状态监控和故障诊断的工作；数据管理软件，提供数据的检测、快照、备份、迁移、恢复等功能；路径管理软件，提供自动负载均衡、链路检测、自动切换恢复等功能。该方案中光纤SAN存储设备主要性能指标可参考下表：

表2-2　光纤SAN存储设备主要性能指标

项　目	指　标	性能参数参考
基本指标	控制器能力	采用冗余控制器模式
		前端到后端任意通路可自由访问，且控制器自动负载均衡，请提供详细技术说明
		支持系统在线状态微码升级，升级时任意控制器不需切换主机连接通道，不需交替切换控制器，提供详细技术说明
	后端通道	控制器后端到磁盘扩展柜带宽不小于12 Gbps
		当前配置下，后端磁盘I/O通道数不小于8个，合计带宽不小于24 Gbps（以官方网站公布为准）
	缓存配置	当前配置中每个控制器配置不少于2 GB数据缓存，须为写镜像保护，全局带电保护

续 表

项 目	指 标	性能参数参考
基本指标	前端通道	当前配置中每个控制器配置2个速率不低于8 Gbps的FC接口
	RAID支持	支持RAID 0、RAID 1+0、RAID 0+1、RAID 5、RAID 6
		可以在线改变RAID级别，扩展RAID组容量，而不中断运行
	磁盘配置	配置SATA(或FC或SAS)接口的同型号硬盘，总净容量不小于20 TB(做两组RAID 5后)
可扩展性	最大磁盘扩展	支持的磁盘槽位数量不低于50个，最大磁盘可扩展容量不低于100 TB
	接口类型支持	在不需要添加外接设备情况下，存储自身支持FC、iSCSI接口混用
	最大LUN数量	最大支持512个LUN。
	磁盘混装能力	要求存储系统支持不同类型、不同容量、不同转速磁盘混合使用
	主机连接能力	支持至少48个不同操作系统平台的主机能同时连接存储系统
	IOPS处理能力	IOPS能力不少于20万
		SPC-1 IOPS能力不少于3万，I/O响应时间小于10 ms，必须在第三方权威评测机构网站公布
高级功能	缓存调优技术	支持基于缓存的分区技术，以提供优化的业务隔离措施和应用优化功能
		缓存分区数≥8个
		可根据应用的数据块大小调整缓存段的大小，可定义4 K、8 K、16 K、32 K、64 K、128 K等不同尺寸的缓存段
	容量预分配	配置容量预分配功能，分配给主机的容量可以超越存储实际配置物理容量，便于未来的物理容量扩展，减少主机端在容量扩展管理方面的复杂度

续 表

项 目	指 标	性能参数参考
高级功能	磁盘调优技术	配置阵列内数据卷在线迁移功能，能够根据业务特点以及I/O繁忙程度，不停机以LUN为单位在线迁移到其他磁盘中（不同的磁盘容量和数据保护格式）
	性能监控软件	配置基于阵列的性能监控软件，提供阵列子系统，包括控制器、磁盘、缓存、前后端等部件的性能跟踪与监控功能
	绿色环保节能功能	支持对驱动器的自动省电机制和可预定义的驱动器停转
	系统内复制	支持阵列内数据卷克隆功能
		支持阵列内数据卷快照功能
	系统间复制	支持基于存储系统的远程同、异步复制软件
	OS支持能力	支持主流的操作系统 Microsoft Windows 2008，Windows Server 2012，Windows Server 2016，Novell Net Ware；Linux；HP Open VMS；Apple MAC OS；Sun Solaris 等
	设备管理要求	要求配置基于Web的图形化管理软件
		可通过IP网络远程配置、管理存储系统；支持图形化管理界面
		提供基于Web的系统状况监控机制，以及预警式Call-Home报警与维护服务
		存储系统相关外围设备、配件、电源、相关缆线必须齐全并满足机房实际布局连接要求
		支持存储控制器、风扇、电源等部件冗余热插拔更换，支持全局热备份硬盘
	设备物理规格	提供磁盘阵列的物理尺寸
		说明标配重量/满配重量
		当前配置耗电量不得高于3 kW

2.4 服务器存储系统应用要点

在图书馆服务器存储系统的实际应用过程中，应着重考虑以下一些事项：

（1）提高容错性[18]：实施最具费效比的冗余机制，如RAID 5、RAID 6（冗余磁盘阵列），以在硬件故障时保护数据；有条件的还应考虑备份存储系统，以应对主存储系统的故障带来的风险；阵列硬盘、服务器电源等关键易损部件应自留备份，以便第一时间更换故障件，避免在等待厂商备件的过程中影响业务系统正常运行及数据丢失的风险。

（2）数据安全性[19]：实施严密的数据分类分级备份策略，确保图书馆的核心数据和数字资源得到保护；创建详细的数据恢复预案，以应对数据丢失或损坏的突发情况；采取严格的访问控制和权限管理，确保只有授权用户能够访问敏感数据；加密存储的数据，以保护其在传输和存储过程中的安全。

（3）监控和维护[20]：部署监控工具，以实时监测存储系统的健康状况和性能；配置警报，以及时发现并解决潜在问题；定期维护存储硬件，包括磁盘驱动器、控制器和网络连接，以确保其正常运行；更新和升级存储系统的软件，以弥补漏洞并提供新功能。

（4）性能优化[21]：确保存储系统具备足够的性能，以支持图书馆的在线服务和检索请求；优化存储性能，以提高数据检索速度和响应时间；确保存储系统具有足够的容量，以满足数字资源的增长需求；定期监测存储使用情况，及时进行扩展或清理不必要的数据。

（5）培训和文档：定期培训图书馆工作人员，以确保他们了解服务器存储系统的使用和操作流程；建立详细的管理制度和日志文档，以记录服务器存储系统的配置和操作指南。

这些注意事项将有助于图书馆在实际应用中有效地管理服务器存储系统，确保数字资源的可用性、安全性和可维护性。

本章参考文献:

[1]董凤服.高校高速网络存储系统的设计与实现[J].通信技术,2008(12):206—208.

[2]徐晓琳.磁盘阵列存储系统在数字图书馆中的应用[J].图书馆学研究,2003(15):58—59.

[3]王毅.集群式存储在高校数据管理的应用[J].现代教育技术,2013(6):120—122.

[4]张乃帅.高校图书馆数据中心网络安全现状分析与对策探讨:以北京大学图书馆为例[J].教育现代化,2019(26):149—151.

[5]朱芳菲.基于磁盘阵列的集群技术研究与应用:以某高校图书馆双机集群系统为例[J].农业图书情报学刊,2014(9):31—35.

[6]高旻,曲长生,高健.高校数字图书馆存储方案设计及发展研究[J].现代情报,2008(2):81—83.

[7]巩林立.磁盘阵列技术在高校图书馆的应用[J].大学图书情报学刊,2003(2):46—47,76.

[8]刘宇.磁盘阵列技术在图书馆的应用[J].高校图书馆工作,2001(2):44—46.

[9]郭楠,曲秀云,陈秉塬.浅谈高校图书馆网络及存储设计方案:以东北大学秦皇岛分校图书馆为例[J].现代情报,2006(3):167—168.

[10]郭锂,蒙庆全,叶惠文.运用虚拟化存储技术提升高校数据管理:以华南师范大学存储虚拟化应用方案为例[J].中国教育信息化,2013(11):78—81.

[11]刘健,朱锰钢,赵静萍.RAID技术在高校图书馆数字资源存储中的应用[J].西安文理学院学报(自然科学版),2008(2):104—106.

[12]金文新.中小型高校图书馆计算机和存储系统方案的设计与实现[J].江西图书馆学刊,2009(2):98—100.

[13]刘喜球.高校图书馆数字资源存储系统模式设计[J].现代情报,2007(10):89—90,93.

[14]尚晋凤.高校数字图书馆分布式数据存储系统设计与功能介绍[J].电子技术与软件工程,2022(21):243—246.

[15]石方夏.数字图书馆建设中磁盘阵列的应用分析与设计[J].西藏科技,2006(8):63—64.

[16]江涛.浅谈网络存储设备NAS及其在高校图书馆中的应用[J].图书馆学刊,2005(1):95—96.

[17]柳萍,苏卫平,张魁.高校档案馆网络存储、双机互备及异地容灾一体化系统研究与设计[J].档案与建设,2008(5):21—23.

[18]朱玉兰,蔡长忠.图书馆磁盘阵列的选择与定位[J].科技情报开发与经济,2009(9):43—45.

[19]张立恒,贺伟,刘江伟.IP-SAN网络存储技术在高校数字图书馆中的应用研究[J].山东建筑大学学报,2010(4):460—462.

[20]黄世权.高校校园网网络存储系统方案的设计与应用[J].福建电脑,2005(2):65—67.

[21]易斌,冷选英.数字图书馆选用磁盘阵列及存储系统之我见[J].现代情报,2005(10):91—92,95.

3 基于RFID的智慧图书馆系统

基于RFID技术的高校智慧图书馆系统可以实现图书的快速定位、自动化管理和实时监控，提高图书盘点速度和工作效率，简化借还书流程，增强读者体验和图书防盗性能。

3.1 RFID智慧图书馆系统应用背景

3.1.1 图书馆面临的困境

从20世纪80年代至20世纪末，国内高校图书馆逐渐以计算机条码管理取代了传统的手工管理，广泛应用于图书馆的各个工作环节。目前在国内高校图书管理系统中普遍采用“磁条+条形码”的技术手段[1]。以磁条作为图书的安全保证，以条形码作为图书的身份证，解决了图书馆传统管理模式中存在的一些问题，有效提高了图书馆的自动化水平和工作效率[2]。

随着信息技术的不断发展，高校图书馆馆藏纸电文献日益增多，师生读者个性化服务需求的激增，图书馆空间和人手愈发紧张，人工排架、盘点、顺架、找架本就耗时费力[3]，如今更加困难，极大地限制了工作效率，增大了工作人员的工作量和工作强度，占用本就编制不足的馆员，如此馆藏更新慢、上架错乱，影响读者查阅图书、信息咨询等服务体验感[4]，限制了信息培训、检索课程、项目嵌入、阅读推广等服务和活动开展的广度和深度。

综上，图书馆需要通过转变传统的功能与职能来应对技术的发展以及读者的需求[5]。图书馆当前及未来发展趋势是在一定程度上运用无线射频识别管理（RFID）来实现图书馆智慧管理和服务的基础条件；RFID标签相对于条形码有极大的优越性。RFID技术可以大幅降低流通工作量，提高借还书的工作效率，减少读者借还书排队等候时间，有效地对图书进行盘点，更大程度上提高了图书馆的管理效率[6]；实现读者对图书资料的自助服务，提高图书的流通周转速率，更有效发挥图书资料的信息传递功能。

3.1.2 RFID技术简介

RFID（无线射频识别技术）是一种自动识别技术，常称为感应式电子晶片、近接卡、感应卡、非接触卡、电子标签、电子条码等。其通过射频信号通过空间电磁耦合实现无接触信息传递，并通过所传递的信息达到物体识别。RFID的应用非常广泛，目前典型应用有动物晶片、汽车晶片防盗器、门禁管制、停车场管制、生产线自动化、物料管理等。

一个完整的RFID系统由电子标签（Transponder）、读写器（Reader）和天线（Antenna）三部分组成[7]：

（1）电子标签：由芯片和天线组成，通常被安装在待识别物品上。电子标签存储了待识别物品的标识信息，可以在无需电池的情况下，通过接收解读器发出的射频信号，凭借感应电流所获得的能量发送出存储在芯片中的产品信息（无源标签或被动标签），或者主动发送某一频率的信号（有源标签或主动标签）。

（2）读写器：用于读取和写入电子标签中的信息。读写器将约定格式的待识别物品的标识信息写入电子标签的存储区中（写入功能），或在读写器的阅读范围内以无接触的方式将电子标签内保存的信息读取出来（读出功能）。

（3）标签天线：RFID电子标签的应答器天线，是一种通信感应天线，用于发射和接收射频信号，一般内置在电子标签或读写器中，与芯片组成完整的RFID电子标签应答器。标签天线由于材质与制造工艺不同，分为金属蚀刻天线、印刷天线、镀铜天线、模切天线等几种。

RFID技术的工作原理是：当电子标签进入读写器产生的磁场后，接收解读器发出的射频信号，凭借感应电流所获得的能量发送出存储在芯片中的产品信息（无源标签或被动标签），或者主动发送某一频率的信号（有源标签或主动标签）；读写器读取信息并解码后，送至中央信息系统进行有关数据处理[8]。

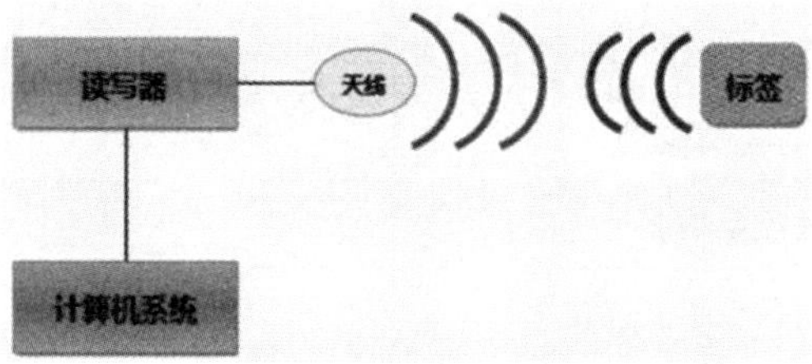

图3-1　RFID技术识别原理图

RFID系统核心技术是采用RFID射频识别技术。RFID射频识别技术是物联网应用的核心基础技术，是面向21世纪的新型实用技术，在技术应用上，其承载信息量大、无需接触式识别、可一次识读多个标签、读写速度高的特点，得到社会越来越广泛的认可，正逐渐取代条形码与磁条技术。

3.1.3 核心技术对比

传统图书馆采用条形码读取数据，条形码虽然价格便宜、制作方便等优点，但是也存在一些先天的难以克服的缺点，如表面容易磨损、信息存储空间小、必须贴在书内等，尤其对大量非标准尺寸图书，在自助借还过程中非常不便，并不完全适合图书馆。相比条形码，RFID标签具备识别速度快，一次可多个识别、可读取移动中的标签、安全性能高等特点。

表3-1 RFID标签和条形码的功能比较

功能	RFID标签	条形码
同一时刻读取多个标签	√	×
读取移动中的标签	√	×
可编程	√	×
读取时对位置和方向性没有任何要求	√	×
使用次数保证(十万次读取)	√	×
可重复使用	√	×
对恶劣环境的适应	√	×
抗污染能力和耐久性	√	×
内置防盗功能	√	×
非接触盘点功能	√	×
查找特定馆藏在架上位置	√	×
支持读者自助流通	√	√
支持自动还书功能	√	×
支持自动分拣与处理系统	√	×
大容量信息存储	√	×

3.1.4 RFID在图书馆的应用

RFID技术的出现极大地提高了采集数据的速度，特别是在运动过程中实现了快速、高效、安全的信息识读和存储，而且具有信息载体身份的唯一性，这些特性决定了RFID技术在图书馆领域的广泛应用。

在发达国家与地区的图书馆领域，利用RFID标签对图书、录像带等馆藏资料进行跟踪管理普遍。亚洲地区的国家于二十年前开始采用RFID智能图书管理系统。特别是新加坡国家图书馆（简称NLB）自2002年在世界上首次全面部署RFID图书管理系统[9]，采用高频RFID产品，至今已经稳定运行了近21年，管理着1500多万册图书的流通。

为了提高图书馆的智能化管理水平，提升读者服务质量[10]。图书馆采取了分步实施方案。

前期：为实现一站式管理和实现全面智能化管理，智能化的实施通过传统借还方式与RFID自助相结合的形式来解决从传统借还转变至完全自助借还过渡性的障碍，同时也让读者体验到自助借还的方便。

后期：在先期的方案已经完全成熟后，业务全流程进行全面实施智能化管理，包括藏书智能化管理、读者借阅、图书结构智能化分析等。

3.1.5 高频与超高频对比分析

目前已经商用的RFID无线射频识别产品有高频（HF）和超高频（UHF）之分，对于高校图书馆在建设RFID时到底是采用高频还是超高频业内还存有较大争议[11]。高频标签典型工作频率为13.56 MHz，一般以无源为主，标签与阅读器进行数据交换时，标签必须位于阅读器天线辐射的近场区内。高频标签的阅读距离一般情况下小于1米。工作距离为近场，由于允许的带宽只有14 kHz，其所采用的窄带调谐天线易受环境影响而失谐，同时速度较低，难以适应移动状态下的标签读取，不适合长距离使用。多数情况下识别距离只有5～10厘米，在一些要求距离远的应用场合，例如门禁系统需要加大天线的输出功率才能够达到1米的识别距离。

超高频标签包括有源标签和无源标签两种类型，其工作频率在860 MHz到960 MHz。当标签处于阅读器天线辐射场的远场区时，标签与阅读器之间的耦合方式是电磁耦合。对于无源标签，阅读器天线辐射场为其提供射频能量，从而唤醒标签。射频识别系统的阅读距离通常大于1米，大部分为4～6米，最大为10米以上。根据不同的应用环境，可以调整阅读距离，使其既可以近又可以远。阅读器天线通常是定向天线，只有处于阅读器天线定向波束范围内的射频标签可以被读取或写入。该频段电磁波绕射能力强，背景电磁噪声小，天线尺寸适中，射频标签易于实现，是物品流通领域大规模使用RFID技术的最合适频段。

表 3-2　UIIF和HF的功能属性

属　性	高频(HF)	超高频(UHF)
近场灵敏度(短距离)	√	√
远场灵敏度(远距离)	×	√
全球频段	√	√
唯一的全球协议标准	√	√
制造成本	高	较高
能否用于液体和金属物品	√	×

高频与超高频各有优缺点[12]：高频技术应用成熟，公共馆应用多、不易误读、价格稍贵、标签隐蔽性差；超高频技术高校馆应用多、易误读、价格便宜、标签隐蔽性强。高校图书馆应根据本馆流通工作中的具体情况，适当采取一些技术和管理措施以扬长避短，充分发挥 RFID 技术优势在智能化图书馆建设中的作用[13]。

3.1.6 RFID 智慧图书馆系统建设目标

把高校图书馆打造成使学生可自助服务，不受时间、空间的限制，从而把图书馆员从简单繁重的工作中解放出来，投入更高层次的信息服务、阅读推广服务当中去，将更多的师生吸引至图书馆，真正将图书馆打造成高校师生的文献资源高地、成长中心、活动中心和智慧中心[14]。

3.1.6.1 全新的图书馆管理模式，营造良好的图书馆学习环境

实现高校图书馆 RFID 智能化管理，让图书馆管理手段更现代化、智能化，为打造舒适环境、便捷借还书手续，培育读者自主、自助获取信息素养的能力。实现图书馆素养课程自主化学习，通过对各学科教师的引领，引导教师以更先进更科学的教学方式去带领学生将阅读从课内延伸到课外，提高教师和学生的阅读素养，指引阅读者更深层次的思考问题。

3.1.6.2 改变图书馆固定地点、固定开放时间的限制

通过 RFID 智慧图书馆的建设，以单位图书馆为中心，充分利用走廊、

教室等空间，创新书刊借阅方式，优化借阅管理，解决图书馆固定开馆时间和地点的限制，为读者营造随时、随地、随心的阅读环境，创建校园泛在阅读环境。

3.2 RFID智慧图书馆系统应用原则

为了确保RFID智慧图书馆系统的顺利实施和有效运行，在该系统的应用过程中应遵循以下一些原则：

（1）开放性：智慧图书馆应具备开放的体系结构，能够兼容不同的RFID设备和技术，同时支持各种不同的应用系统和平台[15]。这意味着在建设系统时，需要考虑系统的接口和协议的标准化，以便实现不同设备之间的互操作性和信息共享。

（2）规范性：在建设RFID智慧图书馆系统时，需要遵循相关的国家和行业标准，以确保系统的规范性和可靠性。这包括数据编码格式、标签制作标准、通信协议等方面。规范化的建设可以确保系统的稳定性和可维护性，同时也有利于系统的扩展和升级[16]。

（3）安全性：RFID智慧图书馆系统需要确保数据的安全性和隐私保护。在系统设计和实施过程中，需要对数据进行加密处理，防止数据泄露和非法访问。此外，需要采取措施保护读者的隐私[17]，例如限制标签信息的读取范围，避免将读者的个人信息与标签绑定等。

（4）实用性：RFID智慧图书馆系统需要满足读者的实际需求，提供方便快捷的借阅服务。在系统设计和实施过程中，需要考虑读者的使用习惯和需求，提供人性化的功能和服务。例如，支持多种借阅方式、提供标签自助打印和粘贴服务、支持快速检索和定位图书等。

（5）拓展性：随着业务需求和技术的发展，RFID智慧图书馆系统需要具备可扩展性和可升级性。这意味着在系统设计和实施过程中，需要考虑未来的业务发展趋势和技术创新，以便对系统进行扩展和升级。这包括支持更多的RFID设备、增加新的应用功能、适应不同的业务场景等。

（6）性价比：RFID智慧图书馆系统的建设需要考虑成本和效益的平衡。在系统设计和实施过程中，需要选择性价比高的设备和方案，避免过度投资和浪费资源[18]。同时，需要考虑系统的维护和运营成本，确保系统的长期稳定性和可持续性。

3.3 RFID智慧图书馆系统应用方案

3.3.1 系统技术及组成

RFID智慧图书馆系统主要组成包括：电子标签转换设备、移动馆藏清点车、馆员工作站、自助借还机、自助还书分拣机、安全门禁系统、智能导航检索系统和自助图书馆等子系统。

通过把图书条形码与RFID电子标签绑定关联的方式，读者通过自助借还机实现自助借阅。装上RFID安全门禁，可实现对进出馆图书实时数据采集、实现对每日进出馆人数的精准统计。管理员用盘点机定期对图书进行盘点，实现查找、顺架等功能。

图书管理系统作为图书馆管理中心，起到数据储存、处理分析的重要作用，是整个RFID智慧图书馆系统的枢纽；大数据展示系统，可以将整体的图书馆的流通数据，读者数据、图书数据做一个整体的统计展示；微信手机端，读者可以通过手机端查询自己的借阅情况，管理人员也可通过手机端来流通图书信息。图书通过电子标签载体来流通，管理人员通过标签转换器，将图书的信息写入电子标签里面，也可通过标签来实现防盗，读者可以通过自助设备来流通，最后经过防盗门来防盗，其他的设备是主要辅助整体的流通借还的过程。

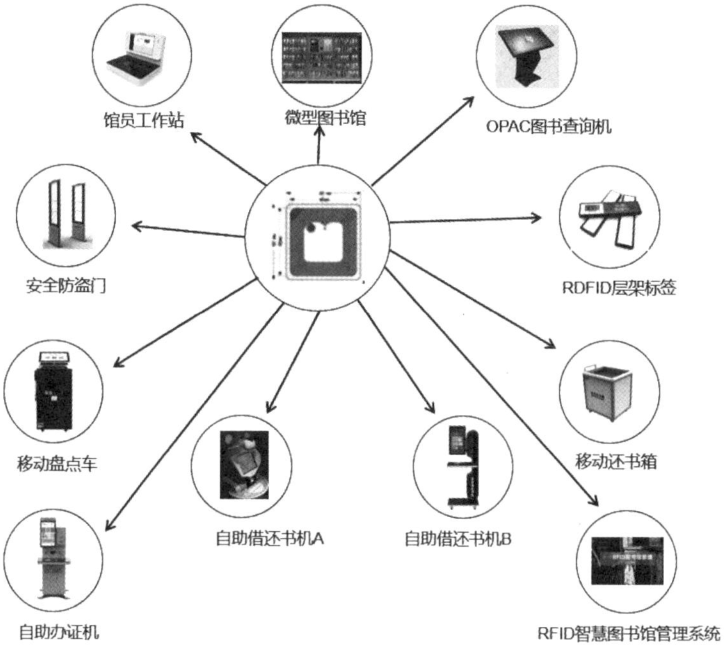

图 3-2　系统技术及组成

3.3.2 RFID智慧图书馆系统功能

3.3.2.1 系统后端

RFID智慧图书管理系统是可以根据不同客户群体组合出多个功能版本，已应用在全国上千家图书馆。该系统架构一般是B/S融合C/S，可依托云服务器，免去用户自行购买、构建和维护基础设施和应用程序的维护成本，支持分布式部署，具备较高的可靠性、数据安全性及良好的可扩充性和；其数据库采用Oracle或MySQL，具有数据安全、稳定等特点。其功能一般包含：编目模块、流通模块、期刊管理、读者管理、报表模块、OPAC设置、系统设置、帮助中心等功能，软件操作不复杂，易学易懂，适合图书馆老师操作。

图 3-3 系统后端功能

系统后端主要功能包括：

（1）智能编目：支持多语种，具有丰富数据资源；支持Z39.50检索、自带数据库、多数据源检索，命中率99%以上；可自选编目模式：专业MARC编目、表单填空式编目随意选择。支持种次号补缺功能、条形码断号查询、不规范MARC检测功能；支持编目批次、馆藏地的默认设置，并可在图书编目界面快捷建立批次及馆藏地。

（2）读者管理：支持读者使用IC卡、二代身份证等多种借书证，甚至个人生物特征，实现读者借书、还书、续借、无证外借、离线借还等流通业务；自动短信、邮件超期催还。

（3）图书盘点；支持单本扫描、外部文本导入多种方式盘点，轻松盘点馆藏图书。

（4）架位号设定；可精确定位每本图书位置，迅速找到所需图书；配合OPAC检索、微信图书馆实现掌上图书馆，多条件检索，精确满足读者需求，实现图书预约、二维码电子借阅证，实现电子借阅。

3.3.2.2 系统前端

（1）OPAC查询系统：内置图书馆信息检索平台，读者可查询图书基本信息、分类浏览、新书通报、图书推荐，可登录读者后台，查询该读者借阅历史、预约历史、当前借阅、当前预约收藏图书、荐购图书，读者基本信息修改等，既可以方便读者查询信息，又减轻管理员的工作，更有效率地完成图书管理工作。OPAC主要功能包括以下几个方面：

①多条件组合查询，精确读者需求，具备完善的书目检索系统，实现书名、著者、分类等多种途径。

②个人图书馆，读者可登录个人图书馆查询及修改相关信息。

③支持查询馆内所有文献资源。

④支持检索结果二次检索，不限于二次检索，可多次。

⑤自动罗列出可进行的二次检索条件。

⑥支持分类浏览、新书通报、借阅排行、读者荐购。

⑦支持中图法第五版，按指定分类浏览查找文献数据。

⑧支持新书通报显示，按借阅数进行排序。

⑨支持读者推荐图书排行显示，读者可自定义推荐自己喜爱的图书。

⑩支持文献借阅排行榜显示，以便读者看到借阅数量最多的热门借阅图书。

（2）大数据展示：运用大数据深度挖掘分析，与智慧图书馆管理系统无缝对接，实时展示图书馆藏信息、流通数据等并进行剖析比对，以折线、柱形、饼图等图表形式直观明了展示。大数据展示主要功能包括以下几个方面：

①含图书馆可视化数据展示平台系统。

②展示当日的日期、时间。

③实时展示进馆总人数、出馆总人数、借书总次数、还书总次数。

④实时展示当日借还书数据，以折线图形式展示当日各时间段借还书数据。

⑤展示图书馆总藏书册数，支持馆藏图书22类别以柱形图数据展示。

⑥支持热门图书排行榜展示，支持读者数量以饼图展示各部门数据比例。

⑦支持显示图书馆后台发布的公告、通知等内容。

⑧模块化管理后台，操作员可隐藏不需要展示的模块，后台可修改发布馆内公告通知内容。

3.3.2.3 手机微信图书馆

微信图书馆是基于微信实现的掌上图书馆，可以和图书馆现有微信公众号绑定在一起，读者办证后，关注图书馆微信公众号，进入微信图书馆，绑定自己的账号，可以查询图书馆馆藏纸质图书、可以按照需求检索自己想借的书是否在图书馆内，可以进行在线续借和预借操作，查看自己的借阅记录，书评记录，荐购记录。微信图书馆主要包括以下功能：

（1）支持读者证号绑定，支持在线注册电子借阅证。

（2）图书检索：多种条件组合查询（如题名、作者、主题词、出版社等）。

（3）支持显示馆员公告、借还制度等功能。

（4）首页支持新书推荐、借阅排行、读者荐购功能，供读者参考。

（5）首页支持读者当时借阅、预约列表、图书收藏功能，方便读者查看。

（6）支持读者登录个人中心，修改密码、查看借阅、财务信息、有效期等功能。

（7）在线查看图书基本信息、馆藏数量及可借数量，在线预约、收藏图书等功能。

3.3.3 RFID智慧图书馆系统主要硬件

3.3.3.1 智能书架

智能书架是一款功能强、性能高的图书馆智能化全馆管理设备，它集成RFID、网络通信、信息显示及数据存储等多项技术；其中RFID技术采用最新研发的读写器核心模块，具有高性能、高稳定性和高识别率等特点；同时，硬件采用极简的设计思路，产品简洁、合理，简化了安装工作，降低了施工和维护成本[19]。

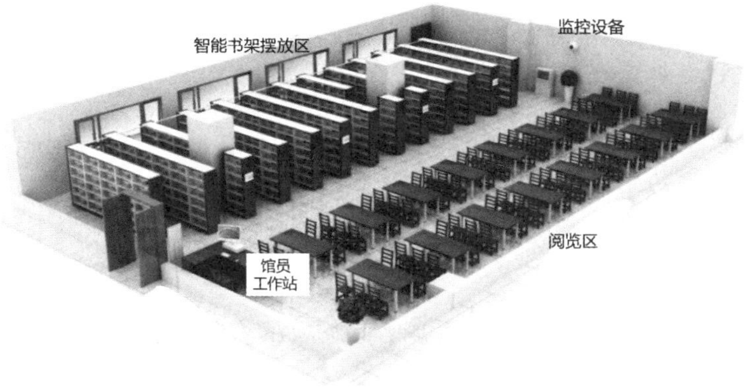

图 3-4 智能书架系统展示图

（1）架体：

①架体结构：采用标准书架的开放式构造，实用性强，适合大规模普及。采用钢木结构，主框架钢制双柱式+底盘复合形式，侧板和外框采用全钢或包木边结构，书架便于拆卸和维修。

②通透结构：书架AB两面相互空气流通，两面相互可见，不能完全阻断。

③硬件组成：由读写器、RFID天线、分线器、控制主板、开关电源、路由器、同轴信号线、指示灯光、红外传感器、自助借还部件、身份识别模块等组成。

④触摸屏：采用电容多点触摸显示屏，尺寸≥21英寸，2 K高清显示屏，专业护眼模式。嵌入侧板正面安装；每块集成人脸识别摄像头（可作为人脸识别登录进行图书借阅）。

⑤安全用电：进电：AC 220 V±10%；架体其他设备：≤24 V，直流，保证架内人员安全。

⑥RFID天线：天线采用立式结构，立于书架层板上，要求与图书封面平行，方便电子标签的识读，天线外壳为防火ABS塑料材料。每层立式防火天线壳≤5个。

⑦LED指示灯：每层采用高亮LED指示灯，指示灯发光区域长度不小于25 mm。

⑧对射红外检测：书架每层采用红外对射检测，判断图书在书架上的位置变化，红外嵌在立柱内。

⑨硬件维护：主控板、RFID读写器、开关电源、路由器等设备置于书架顶部，具有防尘、散热措施，便于系统维护与维修。

⑩通信接口：至少支持100 Base-T以太网端口（单列标准书架预留一个网络插口）。

⑪二维码模块：配备二维码及条形码模块，实现电子借阅证及图书扫码借阅的功能。

（2）RFID智能书架系统参数

①协议标准：ISO15693协议或符合国家现行执行标准。

②工作频率：13.56 MHz。

③误读：书架外围30 cm外无误读。

④单层藏书量：单层藏书量不少于50册；单面6层藏书量不少于300册，双面6层藏书量不少于600册；单面5层藏书量不少于250册，双面5层藏书量不少于500册。

⑤功耗：60到100 W。

⑥射频功率：1—8 W（可配置，建议4 W或以下功率使用）。

⑦检测速度：快速防碰撞处理，每层检测时间大约0.8 s（50本书）。

⑧支持噪声检测功能，能检测环境是否有干扰。

⑨支持闲时自动关闭射频。

⑩支持多种层数书架规格，可灵活配置，适应目前图书馆的各类现有书架。

⑪支持组播搜索、DHCP自动获取IP。

⑫支持顶装LED点阵显示屏，显示实时信息。

⑬扩展接口丰富，支持光耦输入、继电器和MOS输出。

⑭集成红外及状态检测，支持触发工作。

⑮支持架、层指示灯提示功能，支持通过软件控制指示灯。

⑯具有短路保护设计和过热保护设计。

⑰通讯方式：TCP/IP、Wi-Fi。

（3）智能架体系统主要功能：

①查找：能够通过智能书架触摸屏检索图书，并对具体的图书进行位置定位，在触摸屏上会显示图书实际存放的具体位置，并提供二维码指引和3D指引，实现快速精准查找，查找图书位置精确到层。图书查找到之后，图书实际存放书架的层LED灯会亮。

②二维码提示：图书查找到之后，在触摸屏上会显示图书信息和位置的二维码，通过微信、支付宝等App可以扫描得到图书的简介和存放位置等信息。

③3D位置导航：图书位置查找到之后，提供3D图形化位置导航，方便读者快速找到图书的存放位置。

④取还监测：每层书架安装双目红外检测装置，每一层图书进行取还操作后，系统实时自动对该层进行盘点，并将该层图书信息实时在库信息进行更新。

⑤实时盘点：可以设置对书架上的图书进行实时盘点，系统自动将盘点的结果反馈给后台服务器，根据盘点结果在书架触摸屏上显示图书的实时状态。

⑥虚拟书架：在书架触摸屏上，可以通过虚拟书架查看每层图书在库信息，并可以显示图书实时状态。

⑦自动上架：馆员将已注册图书直接放置在书架的任意层，即完成了图书的上架操作，无需再在书架上或者后台管理软件上进行任何操作。

⑧图书顺架：系统提供顺架功能，系统显示在架图书和错架图书的信息，并提供错架图书的正确位置信息，错架图书信息可打印，以方便馆员进行顺架操作。

⑨自动归还：读者将已借图书直接放入书架的任意层，即完成图书的归还操作，读者无需再在自助借还书机上进行其他操作。

⑩集群部署：系统通过TCP/IP方式实现集群部署，支持7×24小时在线监控。

⑪错位提示：对于图书没有放置在指定位置的，可以在触摸屏上显示错架图书的信息，并进行提示。

⑫图书借阅：在智能书架上，可以通过扫描读者身份卡（身份证、借阅证、社会保障卡、民生卡等）实现图书借阅功能。

⑬身份识别：智能书架可以识别读者借阅证信息和身份证信息。

⑭数据统计：系统提供数据统计功能，可以统计图书借阅或者取还次数等情况。

⑮故障与维护：完善的设备故障检测功能，提供接口以实现远程诊断、监控，易于日常维护。

⑯图书查找成功率：≥98%，每层书架放置图书不少于45本。

⑰定时开关电源：智能书架自动通电和断电时间可设置，最小设置时间可以精确到小时。可以根据天、星期时间间隔设置智能书架通断电源的时间，便于对智能书架进行管理。

（4）智能书架系统后台管理主要功能：

①图书注册：可以对图书进行注册，录入图书的书名、作者、条码、存放位置、电子标签等信息，并可以在注册时打印图书条码，图书注册时可以生成图书信息二维码，方便后续进行图书管理。

②架体设置：可以对智能书架的架体进行设置，便于录入图书注册信息，架体设置信息可以进行更改和导入导出。

③IP地址管理：可以对智能书架上所有设备进行IP管理，便于对智能书架的实时管理。

④人员管理：系统可以对馆员和读者进行分别管理，并可以对馆员进行信息录入，分配管理权限。

⑤权限管理：系统可以设置馆员的管理权限，并提供馆员权限说明。

⑥密码管理：系统可以根据具体的管理员设置不同的密码，系统提供密码录入、修改等功能。

⑦整理架体：系统可以根据图书信息、架体位置信息等进行顺架操作，顺架完成之后，提供图书的在架、错架、丢失等信息，并可以打印，

方便馆员进行顺架操作。错架图书信息提供高亮报警。

⑧系统盘点：系统可以根据指定的位置进行图书盘点，提供盘点结果，显示图书在架、错架、丢失等信息，图书状态异常信息可单独显示，并可打印。图书盘点方式可选，书架自动盘点时间可任意选择。

⑨系统查找：提供图书任意关键字（如书名、作者、简介、ISBN等）的信息检索功能，并显示图书实际存放的位置，方便图书查找。

⑩自动上架：可以根据图书信息和位置信息，进行图书的上架操作，上架操作完成之后，显示图书的实际上架位置和上架数量。

⑪自动下架：可以根据图书信息和位置信息，进行图书的下架操作，下架操作完成之后，显示图书的实际下架位置和上架数量。

⑫移架：已上架图书信息可以根据架体信息自动进行移架操作，操作后，图书的位置信息会发生改变。通过获取图书条形码，可以实现对图书的批量移架操作。

⑬数据自动备份：对图书数据进行备份，对备份数据可以进行还原和删除操作。

⑭系统日志：记录操作日志、书架日志、事务日志、盘点日志等，提供检索统计输出。

3.3.3.2 自助借还书机

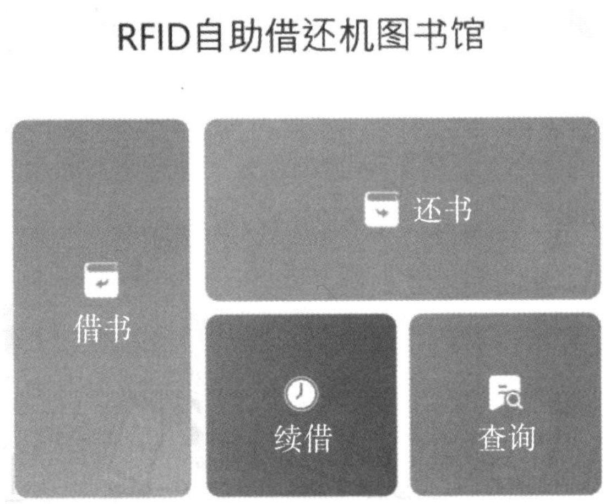

图3-5 RFID自助还机

表3-3　RFID自助还机主要性能

设备介绍	自助借还机可实现读者自助借书、还书、续借、查询等功能，简化读者借还书方式，提高管理员工作效率
主要功能	(1)可同时支持借书、还书、续借、读者查询等自助功能 (2)要求与集成硬件管理后台、图书馆管理系统无缝对接 (3)界面简单，具有图形化的人机交互友好操作界面，方便读者上手操作 (4)操作界面多元化，后台提供3个以上风格界面，供管理员根据场景自由选择 (5)具备防止借阅过程中偷换、抽换图书功能 (6)读取设备指示区域范围内的图书，超过范围的图书不被读取 (7)具有实时系统日志功能，断电断网时，系统可自动连接，无需馆员协助连接或重启 (8)支持微信图书馆二维码借阅证借还书，支持微信支付逾期罚款，如读者不便在线支付，可去人工台处理等 (9)支持读者借书密码验证，且后台可设置关闭密码验证 (10)支持多种认证方式：多种方式认证，且后台可设置人脸识别、IC读者卡、身份证、二维码电子借阅证同时支持以及任意关闭某个认证方式 (11)为保证软件操作更便捷化，可后台选配票据打印功能，票据打印内容：读者姓名、读者证号、借书时间、归还时间、图书题名、索书号等基本信息 (12)管理员集成硬件后台可查看借书数据、还书、续借数据 (13)读者通过密码进入查询功能，查询个人基本信息、借阅历史、当前借阅等信息 (14)具有语音交互功能，在自助借还操作时语音提示操作步骤 (15)提供免费软件培训、软件升级服务

3.3.3.3 OPAC查询机

图3-6　OPAC查询机

表3-4　OPAC查询机主要性能

设备介绍	OPAC查询机内置图书馆信息检索平台，读者可以查询图书基本信息、个人信息、分类浏览、新书通报等，既可以方便读者查询信息，又减轻管理员工作量，更有效率地完成图书管理工作
主要功能	（1）与图书馆后台系统、微信图书馆无缝对接，实现馆藏文献查询功能 （2）红外触摸高清大屏，10点精准触控，开放式触摸查询，无需外接键盘鼠标 （3）可通过题名、作者、ISBN、分类、出版时间等检索方式查询所需图书 （4）读者可自助查询图书基本信息、图片，该书对应馆藏条形码的在馆状态、馆藏地、架位号等信息，读者可自主收藏、预约该书 （5）支持图书评论、图书推荐功能 （6）支持《中国图书馆图书分类法（第五版）》简表形式展示图书信息，方便读者快速精准找到所需类别图书 （7）支持文献借阅排行，可查看图书基本信息及借阅次数，至少列出TOP100供读者参考 （8）支持手机号登录、读者证等方式输入密码登录读者个人图书馆，读者可查看个人信息、修改登录密码 （9）支持读者查看个人借阅管理（如借阅历史、当前借阅、文献收藏、当前预约、历史预约等）、读者荐购、超期罚款等财务信息 （10）管理员后台可设置图书封面、图书推荐、馆内公告、馆内制度等基本信息，可审核读者荐购、读者评论等信息，管理员可自定义OPAC检索平台名称

3.3.3.4 图书馆可视化数据监测展示平台

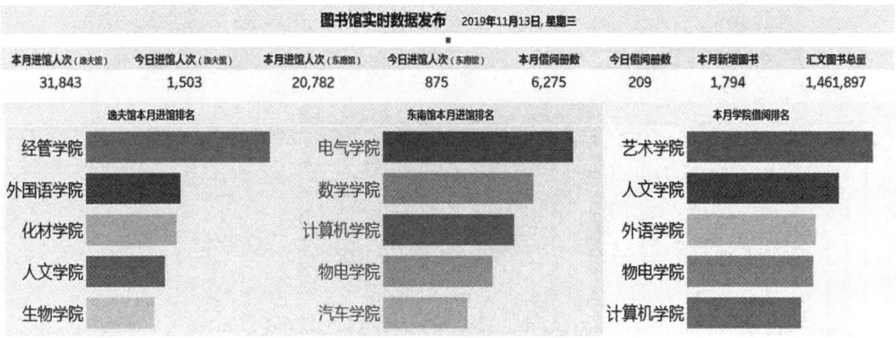

图3-7　图书馆可视化数据监测展示平台

表3-5　图书馆可视化数据监测展示平台主要性能

设备介绍	运用大数据深度挖掘分析，与智慧图书馆管理系统无缝对接，实时展示图书馆藏信息、流通数据等并进行剖析比对，以折线、柱形、饼图等图表形式直观明了展示在馆内LED大屏上
主要功能	(1)含图书馆可视化数据展示平台系统 (2)展示当日的日期、时间 (3)实时展示进馆总人数、出馆总人数、借书总次数，还书总次数 (4)实时展示当日借还书数据，以折线图形式展示当日各时间段借还书量 (5)展示图书馆总藏书册数，支持馆藏图书22类别以柱形图数据展示 (6)支持热门图书排行榜展示 (7)支持读者数量以饼图展示各部门数据比例 (8)支持显示图书馆后台发布的公告、通知等内容 (9)模块化管理后台，操作员可隐藏不需要展示的模块，后台可修改发布馆内公告通知内容

3.3.3.5 自助办卡机

图3-8　自助办卡机

表3-6 自助办卡机主要性能

设备介绍	自助办证机用于自助办理读者证，支持办证、查询、充值、修改密码等功能，简化办证流程、提高图书馆工作效率
主要功能	(1)支持身份证、人脸识别、信息输入等信息采集方式 (2)支持在线微信支付缴纳押金、充值 (3)支持打印办证、充值成功凭条 (4)支持办证时手机号、个人密码等信息输入 (5)支持通过人脸识别、读者证、身份证、二维码借阅证、密码等多种方式认证方式 (6)支持读者个人信息查询、密码修改、充值 (7)操作界面停留时间≥60 s，以倒时计方式提醒读者，时间到后自动返回首页 (8)人机交互页面可系统语音提示读者操作步骤，易上手，好操作 (9)要求配置集成RFID硬件管理后台，与图书馆管理系统无缝对接，方便信息查看、数据统计 (10)管理员可实时查看办证数据、充值数据 (11)管理员可针对不同读者人群，设置开启或者关闭人脸识别、读者证、身份证、二维码借阅证、密码验证、打印等功能，也可同时开启，根据不同人群需求设置办证流程

3.3.3.6 移动还书箱

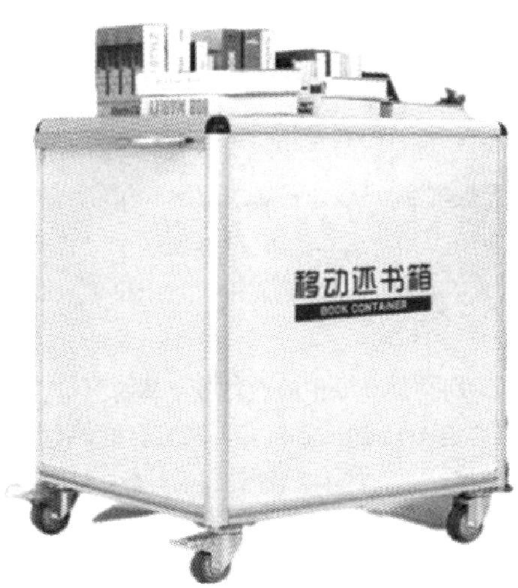

图3-9 移动还书箱

表 3-7　移动还书箱主要性能

设备介绍	产品采用根据负载自动升降结构，运行稳定可靠，尽可能减少工作人员图书搬运、上架的劳动强度。脚板采用超静音耐磨万向轮，运行时超低噪音，适合图书馆安静的阅读环境
主要功能	(1)复合箱体：采用木板层、钢板层、绒毯层和铝合金包围而成的复合式箱体，质量轻，美观坚固耐用 (2)自动升降：托盘随着放书的重量自动升降，拿取方便省时省心 (3)静音滑轮：万向静音刹车滑轮，质量轻耐磨性好，静音环保 (4)环保烤漆：环保粉末磷化烤漆，表面附着力强，无污染无异味 (5)大容量：超过 550 mm 深度空间，可容纳 150 多本图书 (6)最大承重 220 kg，升降托架有效最大承重 100 kg，抗变形 10 万次

3.3.3.7 移动盘点系统

图 3-10　层架标签

表 3-8　RFID 层架标签主要性能

设备型号	HF(高频)
设备介绍	与盘点设备搭配使用、快速精准定位图书架位、可定制 LOGO、条形码、层架信息
主要功能	(1)具有不可改写的唯一序列号(UID)供识别和加密，防止存储在其中的信息资料被泄露，具有较高的安全性 (2)具有防盗功能，标签天线为铝或铜质天线，采用蚀刻法工艺制造 (3)无源标签无需电池，可以非接触式地读取和写入，加快资源流通的处理手续 (4)标签必须使用防冲突运算法则，能保证多个标签的同时可靠识别，内置存储器，存储在其中的资料可重复读、写，用户可自定义数据格式和内容，具有良好的数据扩展性 (5)标签中有储存，存储在其中的资料可重复读、写。标签中储存一些基本信息，用户可自定义数据格式和内容，具有良好的数据扩展性 (6)标签固有频率误差频率小于或等于±300 kHz 范围 (7)标签自带中性粘胶，粘贴于各种材质书架，不易撕毁、脱落 (8)RFID 层架标签需结合馆内场内及书架位置布局印制层架位信息，内容须有条码号、文字架位信息

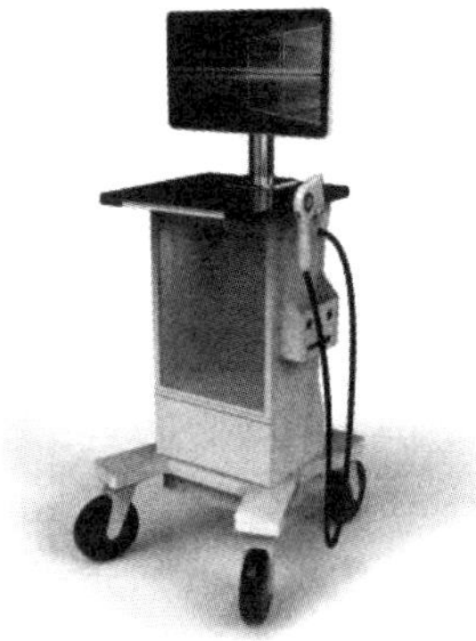

图 3-11 移动盘点车

表 3-9 移动盘点车主要性能

设备介绍	图书馆专用盘点车是一款灵活性、实用性较强的盘点工具。通过对书架上粘贴的RFID标签资料扫描储存，精准快速高效实现馆藏图书盘点、顺架、错架、下架、图书检索、数据采集处理功能
主要功能	标准配置含移动盘点书车、移动手持数据采集器 (1)支持图书盘点、图书查询、上架定位、图书下架等功能 (2)能够显示在架图书列表、对应层架、图书数量等基本信息，显示在架图书、错架、借出、遗失列表 (3)可根据图书、层架分别下架图书，精准快速操作，方便管理员进行二次盘点 (4)支持图书定位，将盘点列表图书信息与层架进行精准定位 (5)管理员可统计上下架报表 (6)外观设计实用美观，使用轻便灵活，轮子采用低噪音或者静音万向脚轮设计，在移动盘点过程中不影响他人，可以很方便地融入图书馆现有环境和家具风格 (7)移动盘点车以图书馆传统书车框架结构为出发点，契合图书馆日常管理习惯，单层图书存放承重至少150 kg，单层可放置大于50本图书 (8)非接触式快速识别粘贴在文献资料上的RFID标签和RFID层架标签，完成盘点、查找等功能 (9)采用锂电池组件，充电一次可使用时间8—12小时，车身带有电量显示器，可随时查看电量，及时充电 (10)书车操作屏幕可250°上下调节角度，其中俯角可达到180°，仰角可达到70°，符合人体工程学设计，视角随高度不同，随意变更调整角度，适合不同身高、不同角度操作

3.3.3.8 RFID安全门禁

图 3-12　RFID 安全门禁

表 3-10　RFID 安全门禁主要性能

设备介绍	RFID图书馆安全门集成了三维智能控制技术，能在设备感应区内三维空间上任意方向检测馆藏图书RFID电子标签，对图书馆管理系统流通模块读者流通数据进行安全控制，安全门对馆藏文献借阅状态作出判断，确定报警提示信息是否鸣响，以达到监控和防盗目的
主要功能	(1)支持多种防盗模式：EAS、AFI、EAS+AFI等 (2)设备外观设计简单时尚，可以方便融入图书馆环境 (3)集成红外传感器切割分析，实现人流统计，管理后台可进行数据显示、导出，也可手动设置人流量数据 (4)集成三维全向感应技术，能在设备感应区三维空间上任意方向检测，快速精准检测RFID电子标签 (5)多标签时，安全门具有很高的检测性，要求无误报、无漏报 (6)支持噪声检测(环境电磁干扰检测)，可检测周围环境是否有干扰信号。 (7)UID卡号读取、支持两路联动输出、射频功率可调 (8)内置声光报警提示功能，可通过听觉视觉直观查看报警源 (9)配流量控制器，可实时显示人的进/出统计计数，调节报警声音大小，设置安全门报警模式 (10)系统设备具备扩展性，最多支持十片门安装在同一出入口，组成九通道 (11)安装形式可固定、可移动，根据现场实际情况与馆方沟通确定

3.3.3.9 RFID图书标签

图 3-13　RFID图书标签

表 3-11　RFID图书标签主要性能

型　号	HF(高频)
设备介绍	RFID电子标签是图书馆管理系统实现自助借还的重要媒介,粘贴在图书上。用于实现防盗、自助借书、还书、盘点等功能;标签中有存储器,存储在其中的资料可重复读、写;标签可以非接触式地读取和写入,加快文献流通的处理速度
主要功能	(1)具有不可改写的唯一序列号(UID)供识别和加密,防止存储在其中的信息资料被泄露,具有较高的安全性 (2)无源标签无需电池,可以非接触式地读取和写入,加快资源流通的处理手续 (3)标签必须使用防冲突运算法则,能保证多个标签的同时可靠识别,内置存储器,存储在其中的资料可重复读、写,用户可自定义数据格式和内容,具有良好的数据扩展性 (4)具有防盗功能,标签天线为铝或铜质天线,采用蚀刻法工艺制造 (5)标签固有频率误差频率小于或等于±300 kHz范围 (6)标签自带中性粘胶,粘贴于图书后不易撕毁、脱落

3.3.3.10 馆员工作站

图 3-14　馆员工作站

表3-12　馆员工作站主要性能

设备介绍	馆员工作站是RFID智慧图书馆基本设备之一,也是必备设备。通过RFID电子标签与条形码的绑定实现智慧图书馆管理
主要功能	(1)标准配置内置RFID智能转换系统、标签阅读器、IC卡读卡器 (2)预留两个以上USB可充电接口,方便管理员根据需要外接配件 (3)可对RFID标签非接触式进行阅读,有效读取、改写RFID电子标签 (4)支持噪音检测,可检测环境对设备是否有干扰 (5)具有快速防碰撞处理算法,读取速度快,高达50张/秒 (6)防干扰设计,RFID天线采用隐蔽式设计,保证只能在天线上方的RFID图书能够读到 (7)操作界面简单直观,方便管理员快速上手操作 (8)具有实时系统工作日志功能,查看用户操作日志的创建时间、操作内容等 (9)具备标签加工功能,可对图书标签、层架标签等进行关联、更换、修改、销毁等操作 (10)具备将图书条形码与RFID图书标签绑定转换功能,以实现自助借阅 (11)为方便查看转换情况,可显示图书条形码、单价、出版时间、馆藏地址、架位号、状态、RFID标签码、转换情况等基本信息 (12)支持图书流通功能(如借书、还书、续借、无证外证),可查询读者、图书借阅情况 (13)支持读者管理,可办证、换证、退证、收费、退费等,查询财务清单、批量修改读者信息等功能 (14)支持架位号查询 (15)支持转换过程时,条形码自动填充追加,以提高管理员转换工作效率 (16)支持数据查询功能,如借阅统计、办证统计、财务清单、标签转换统计等,统计结果可根据需要导出表格或者打印纸质清单

3.3.3.11 微型图书馆

图3-15　微型图书馆

表3-13 微型图书馆主要性能

设备介绍	微型图书馆又名图书漂流柜,是一台可放置于室内或室外的移动图书流动设备。具有借书、还书、续借、预约、查询、盘点等图书馆基本服务功能,实现了对图书智能化、自动化。
主要功能	(1)快速多本借还:每次借还少于10 s,且支持同时借还多本 (2)藏书区可视化设计:书柜透明可视,用户体验感好 (3)藏书区独立管理:每个单元配备独立电控门锁,实现每层独立检测、独立操作管理 (4)整柜藏书量:主柜240~260本。副柜存储300~320本,可以扩展存储书柜,藏书量扩展至1000本 (5)读者身份验证:支持人脸识别;二维码;指纹识别(选配)、身份证、读者证等 (6)定时控制:配备定时开关,可以实现定时开关机 (7)实时监控:配置网络监控主机及监控摄像头,可实现远程7×24小时监控录像 (8)语音提示:配备音频喇叭;可以实现音频提醒功能,规范读者操作流程 (9)光线补充:书柜内部配备LED照明灯 (10)图书消毒功能扩展:可选配加装紫外消毒灯,实现远程控制 (11)图书无缝循环:支持"可循环上下架"功能,读者直接还书上架,图书即进入可借状态 (12)减少图书物流及工作人员二次上架的时间和成本 (13)维护简单:模块式设备集成,普通工作人员即可保养及更换配件维护 (14)组合扩展:支持1主带多副模式,可根据应用场景自由扩展组合 (15)网络扩展:支持有线、无线网络,可选配2 G/3 G/4 G/5 G网络

3.3.4 RFID智慧图书馆系统应用优势

3.3.4.1 革新管理工作

图书馆管理人员再也不用为图书流通、整理图书忙得晕头转向了，读者可以通过自助查询机来查询现有图书馆的馆藏图书以及所在详细架位。也不用担心有人不登记直接带走图书馆的图书，对没有完成自助借还手续的图书，管理工作人员只需要提醒读者自助借还操作后，直接通过安全门带走就行。

3.3.4.2 优化读者体验

读者可以直接通过查询端查询是否有自己想要借阅的图书，读者也可通过平台向图书馆推荐采购相应的图书。读者查询到对应的图书，可以直接从书架上取书，通过自助借还书机进行借还操作后，直接带走，也可以一定程度保护借阅隐私。

3.3.4.3 提高图书流通率

传统条形码借还书流程需要人工打开图书找到条形码，通过扫描枪借还图书，且每次只能一本一本地扫。这样的操作流程繁琐，效率很低。

RFID电子标签可以实现将多本图书随意放置在读写器读写范围一次性实现多本借阅或者归还操作，是条码操作效率的几倍，流通效率大幅提高。

3.3.4.4 实现高效自助借还书

传统条形码的借还书需设有专门的借书、还书负责人，且只能专业图书馆管理人员运用软件，实现借还，读者集中借书时，出现借还书排队等候时间太长，读者无谓地浪费时间。

RFID技术可以实现读者自助式借还，界面简单，流程简化，读者可以轻松上手，节省读者时间，可以解放多名专门负责流通的馆员，使用他们主要工作转向咨询，有助于图书馆其他服务工作的提高。

3.3.4.5 改变借阅管理和安全机制

传统防盗设备，借书、还书时，需要管理员对图书进行消磁、充磁操作，以达到防盗效果，工作量大直接影响了图书流通及图书管理的效率。在发现丢书的同时无法记录图书信息，对图书的日常盘点、补缺工作量增大。

RFID安全门禁可以精准记录每本书的进出馆记录，无需单独操作，读者拿起图书，即可走出图书馆，若没有借书，出馆时会报警，可以记录被拿走的图书具体信息。

3.3.4.6 提高图书盘点效率

传统条形码进行图书盘点时，需将图书从书架上拿下来，一本一本去扫描条码进行盘点，费时费力又劳神，且很难达到精准盘点。引进RFID图书馆进行盘点时，可以实现图书盘点的自动化。利用RFID非接触、远距离、快速读取多本标签的特点，结合盘点车和层架标签，不需要下架书架上图书，即可很方便地实现图书盘点、顺架、查错架、缺书清查工作，同时还可以精准定位每本图书的架位。

3.3.4.7 实现多途径身份识别，方便读者出入馆

传统借阅一般依赖于借书证等卡片形式，但读者有时会忘带或者丢失，人脸及手机二维码识别技术应用于智慧图书馆中，可便捷实现读者认证借书还书，避免由于忘带或丢失带来的不便。

3.4 RFID智慧图书馆系统应用要点

RFID（射频识别技术）在智慧图书馆实际应用时需要考虑以下一些重要的注意事项，以确保系统的顺利运行和提高服务效率：

（1）项目调研：RFID在图书馆应用尚缺乏统一标准，在项目招标前应多方调查研究RFID厂商的技术实力、产品性能及用户经验，在产品性价比差异不大的条件下尽量选择行业龙头企业，这样不仅利于保障售后服务，也接近未来制定的统一标准，避免先期投入脱节[20]。

（2）系统集成：确保RFID系统与图书馆管理系统或图书馆自动化系统进行有效集成[21]，以保证数据的同步和一致性；测试系统的互操作性，以避免不同供应商的设备之间的兼容性问题。

（3）数据隐私保护：确保读者的个人信息和借阅记录得到充分的隐私保护[7]；只在合法情况下收集和使用读者信息；实施物理和电子安全措施，以防止RFID标签被篡改或恶意读取[22]；使用加密技术来保护RFID通信，确保数据传输的安全性[23]。

（4）标签选择和布局：确保选择耐用且适合于图书的RFID标签，以确保长期使用；精心设计RFID标签的布局，以防止信号干扰和冲突[24]；读写器部署：确保RFID读写器的布局和部署能够有效读取标签，防止盲

区和丢失的情况；定期检查和校准读写器，以确保其正常运行。

（5）库存管理和维护：定期进行库存盘点，以确保RFID系统中的记录与实际库存一致；及时修复或更换损坏的RFID标签和设备；数据备份：定期备份RFID系统中的数据，以防止数据丢失或损坏；建立数据恢复计划，以应对潜在的数据问题。

（6）持续改进和完善：RFID目前仅是一种应用在图书流通服务工作方面的工具，要逐步提升图书馆的智能或智慧化程度[25]，还需要与相关厂商及其他技术业务系统紧密结合，建立起“产学研用”的机制[26]，改进技术短板，完善系统功能[27]，提高资源建设质量，加大服务创新[28]，提高服务品质是最终目的[29]。

综合考虑这些注意事项将有助于确保RFID在智慧图书馆的实际应用中提供高效、安全和便捷的借阅和管理服务。

本章参考文献：

[1]蔡媛欢.基于RFID技术的智慧图书馆系统设计与实现[D].武汉：华中科技大学，2020.

[2]曹向陶.高校图书馆基于UHF RFID技术的改进方案及设计[D].新乡：河南师范大学，2013.

[3]陈志辉，王颖纯，刘燕权.基于物联网环境的图书馆RFID技术应用现状的研究[J].情报杂志，2015（5）：196—201，189.

[4]夏正伟，李全，端文慧，等.RFID图书自动盘点机器人应用研究：以武汉大学图书馆为例[J].图书馆杂志，2020（1）：61—66，55.

[5]张敏.安徽省公共图书馆RFID技术应用的调查与研究[D].合肥：安徽大学，2017.

[6]熊泽泉，段宇锋.RFID技术在深圳图书馆的应用[J].图书馆杂志，2018（3）：49—55.

[7]宋岩.RFID技术在高校图书馆应用反思[J].图书馆杂志，2016（8）：76—81.

[8]王永东.RFID在图书馆应用中应注意的几个问题[J].图书馆论坛,2006(4):108—109.

[9]朱小梅,叶莎莎.RFID系统在图书馆的应用及存在的问题研究:以中国人民大学为例[J].图书馆学研究,2012(7):34—37,43.

[10]陈志宁.郑州大学图书馆RFID智慧管理系统调研分析[D].郑州:郑州大学,2016.

[11]王雪.RFID技术在学校图书馆中的应用[D].济南:齐鲁工业大学,2013.

[12]苏建华.图书馆RFID建设的新思路:以西南政法大学图书馆为例[J].图书馆学研究,2015(15):41—43.

[13]董嘉维.高频和超高频RFID技术在图书馆的应用分析[J].现代情报,2012(8):162—164.

[14]胡樱.RFID技术在现代图书馆中的应用研究[D].武汉:华中师范大学,2013.

[15]姚媛.RFID技术在高校图书馆的应用研究[D].上海:上海交通大学,2011.

[16]谷晋.RFID在高校图书馆的应用研究[D].南昌:南昌大学,2010.

[17]张龙.RFID信息化图书馆建设方案优化技术研究[D].哈尔滨:哈尔滨工程大学,2011.

[18]姜东生.RFID技术在图书馆管理和服务中的应用问题研究[D].大连:辽宁师范大学,2009.

[19]张丽.基于RFID技术的图书馆智能书架系统的研究与设计[D].南昌:南昌航空大学,2013.

[20]谷肇骞.高校图书馆RFID应用成本效益研究[D].上海:上海交通大学,2014.

[21]王展妮,黄自强,张国亮,等.RFID技术在图书馆应用中的兼容性及通用性问题研究[J].新世纪图书馆,2017(6):49—52.

[22]黄琦.论图书馆应用无线射频识别技术中的隐私权保护[J].图书

馆建设,2014(7):90—93.

[23]尹玲敏.谈RFID应用与图书馆读者的隐私权保护问题:基于美国的做法和经验[J].图书馆工作与研究,2015(2):44—47.

[24]孙骁骁.RFID技术在现代图书馆中的应用研究[D].天津:天津工业大学,2016.

[25]杨国栋.让馆藏盘点常态化:图书馆RFID盘点系统之改进[J].图书馆建设,2014(8):44—47.

[26]陈嘉懿,孙翌,金毅,等.RFID产品在国内图书馆的应用调研与分析[J].图书情报工作,2012(1):107—111.

[27]韩亮,郎筠.基于RFID图书馆智能书架设计实例[J].现代情报,2013(11):142—146.

[28]邓尧伟.图书馆RFID应用互操作关键问题探讨[J].中国图书馆学报,2013(5):34—38.

[29]陈定权,王孟卓,钱海钢.图书馆实施RFID的技术与管理问题[J].图书情报工作,2020(21):34—41.

4 智能播控系统

智能播控系统在高校图书馆的应用可以实现多媒体资源的集中管理和控制，提供智能化、个性化的播控服务，满足读者的多样化需求，提升图书馆的信息服务水平和用户体验。

4.1 智能播控系统应用背景

随着互联网和通信技术快速发展、智能终端使用成本的逐步下降，高校图书馆读者的阅读习惯在发生着巨大变化，从纸质阅读逐渐向电子化阅读转变，纸质信息载体逐渐被多媒体所取代[1]。阅读习惯的改变间接反映了大家获取信息方式的变化、信息传播速度需求越来越快[2]。当前，高校信息化建设日臻完善，图书馆越来越重视信息内容的传播和展示[3]，如通知公告、活动海报、资源导航[4]、文化展示、天气预报[5]、新闻动态[6]、政策法规等信息[7-8]，以满足信息互动、活动组织、业务管理、氛围营造[9]及服务读者的需要[10]，同时提升图书馆服务质量和影响。智能播控系统是以数字化、网络化、智能化的新型播控管理系统取代现行的广告机孤岛播放方式，通过系统全局控制在馆内外展现各类多媒体信息的技术，方便图书馆根据自身需求自主管理、编辑和发布内容，较好地满足了高校图书馆在这一方面的需求。

智能播控系统是一种专业的播控系统，利用网络平台和触控技术实现。该系统采用了分布式、分区、分组管理等先进技术，使得在同一系统中可以真正实现不同触控终端对不同受众的传播模式的区分。高校图书馆可以借助该系统快速建立一个网络化、集中化、专业化、智能化、分众化的对外播控系统平台，提供一整套信息编辑、传输、发布和管理的专业媒体服务。

4.2 智能播控系统应用原则

由于高校校区分散、系统设备繁多、馆员有限，结合图书馆信息化发展情况和未来需求，播控系统的应用可按以下几个原则进行：

（1）适用性：系统设计应密切围绕高校图书馆日常信息发布及多媒体视频服务系统操作、管理的需要，符合图书馆服务特点，使多媒体数字化技术成为图书馆窗口，为图书馆增加一道绚丽的风景线。

（2）多功能性：在同一个多媒体服务平台上不但可以实现视频直播、播放、控制和多媒体信息发布，还可以提供人机互动、查询、导引等服务，丰富各区域的互动性，给读者提供前所未有的体验。

（3）稳定性：系统应采用成熟的技术实现方案，系统软件经过严格的测试与检验，确保系统在应用过程中保持全天候连续稳定运行，避免系统因外部环境变化或其他因素而出现故障或中断。

（4）可靠性：系统应同时提供设备级和链路级的可靠性，建立各种冗余机制，保证系统在各种复杂环境下，不管在哪个环节出现了异常，都能够持续稳定、可靠地运行，提供准确、可信赖的服务，确保数据传输和处理的准确性和安全性。

（5）扩展性：系统应采用结构化设计，具备较高的扩展性，适应不断增加的扩展需求，能够根据需求进行灵活的扩展和升级，以满足日益增长的用户需求和不断变化的技术要求，同时保持系统的稳定性和可靠性。

（6）灵活性：构成方式简单，功能配置灵活，充分利用现有的网络资源，不干扰现有其他部门业务。能够快速适应不同的需求和应用场景，提供定制化的解决方案，以满足不同用户的特定需求，并支持快速、有效的应用部署和调整。

（7）绿色节能：系统在保证系统高效运行的同时应响应国家号召，注重绿色环保和节能原则，尽量减少能源消耗和环境影响；采用节能技术和材料，充分体现低碳、绿色节能环保的理念，降低日常能耗，让高校图书馆数字环境信息化系统成为一个低碳环保的高科技系统。

（8）平台化：系统应能够与不同平台和设备进行良好的兼容和集成，结合业务扩展需要将其他相关子系统纳入该平台进行统一管理。同时应提供中间系统专用平台，实现各子系统数据的无缝共享、多维数据源组合、设备内容操作控制的统一管理播控平台，以实现多样化的应用场景和跨平台的协同工作，提高系统的整体效率和应用价值。

4.3 智能播控系统应用方案

4.3.1 智能播控系统功能需求

（1）多媒体的发布、播放与管理功能：通过在高校图书馆不同位置的触控终端点/信息接收点播出不同的媒体内容，提供面向公众的展示服务[11]。

（2）互动查询与触摸查询功能：为不同位置的查询点提供受控的多媒体信息查询以及视频互动服务[12]。

（3）导航导引功能：通过发布地图、相应楼层位置等信息，为相关人员提供导航导引服务。

（4）分区分类的集中管理：区分各不同区域的前端信息发布点，分类进行管理，发布与播出不同的多媒体信息，随着规模扩充能够灵活扩展。

（5）休闲娱乐节目：面向受众人群播出休闲娱乐类的直播节目或者视频文件节目，为读者提供多方位的视频服务。

（6）后台管理：用户角色定义、用户权限管理、用户操作日志记录等用户管理，文字发布信息、宣传、广告视频发布内容图片、版面等内容管理。

（7）终端管理（触摸屏、电子广告屏）：监控终端运行状态，包括软件、硬件。后台能够设置开关机时间，并批量或者单点远程关机，以及维护终端软件、固件版本后台单点、批量升级。

（8）报表统计管理：触摸屏、各重要宣传信息（图片、视频）播放时间统计：每日播放时段、总播放时长。触摸屏点击率统计：发生点击行为项目的浏览行为记录：点击项、发生时间、持续时长、每日点击频率汇总等。

（9）其他功能：各周边生活信息、交通状况、天气情况信息，重要会议活动直播，中英文切换、访客意见、访客签名留言、与各第三方系统进行对接。

4.3.2 智能播控系统结构与组成

智能播控系统通常由智能管理服务器、智能媒体分发服务器和系统工作站组成，它们各自承担着不同的功能和作用，具有各自的特点：

（1）智能管理服务器：整个播控系统的核心，负责管理和监控系统的整体运行状态。它承担着实时监控系统运行情况、数据存储和管理、用户权限控制、系统配置和升级等任务，保证系统的稳定性和安全性；其具备高性能的处理能力和可靠的数据存储能力，支持实时监控和远程管理，具有较高的安全性和稳定性，能够灵活配置和扩展，满足不同规模和需求的播控系统运行。

（2）智能媒体分发服务器：负责处理和分发媒体内容，包括音频、视频、图像等多种媒体形式。它能够根据需求对媒体内容进行存储、编码、解码、传输和分发，确保内容的高效传递和准确展示[13]；它具有高效的媒体处理能力和传输速度，支持多种格式的媒体文件处理和分发，能够快速响应用户需求并实时更新媒体内容，同时保证内容的传输稳定和质量高。

（3）系统工作站：用户接触和操作系统的界面，提供给用户进行系统管理、控制和操作的平台。它可以实现系统配置、调度、监控和控制，让用户可以方便地操作和管理整个智能播控系统；它具有友好的用户界面和操作体验，支持多种操作方式和交互方式，提供实时的系统状态显示和控制功能，使用户能够方便快捷地进行系统管理和操作，并及时获取系统运行状态和报警信息。

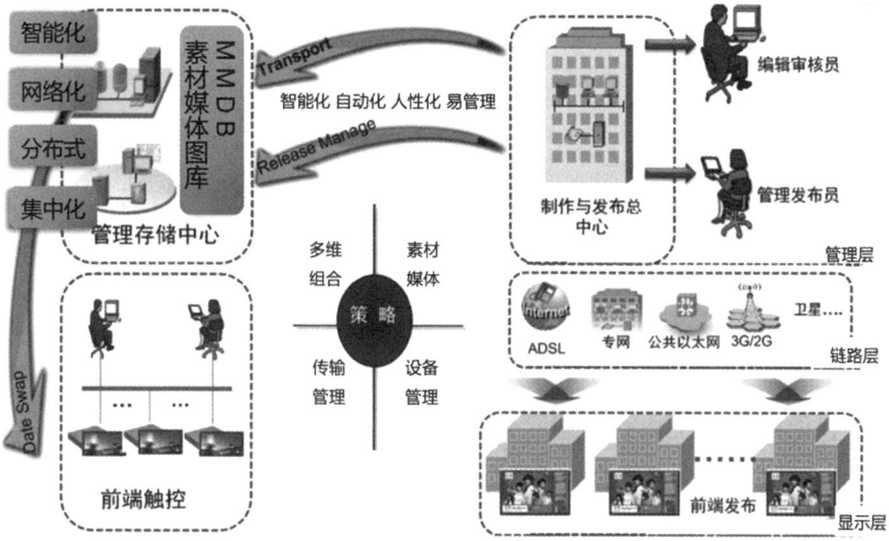

图 4-1　播控系统结构示意图

播控系统针对高校图书馆的特点，将显示终端置于入口、电梯口、通道、重要区域等醒目位置。通过该系统，管理者可以轻松地构建信息联播网，提供功能完备的多媒体编辑、传输、发布和管理的专业平台，展示现代化的服务质量。

4.3.3 触控终端系统结构图

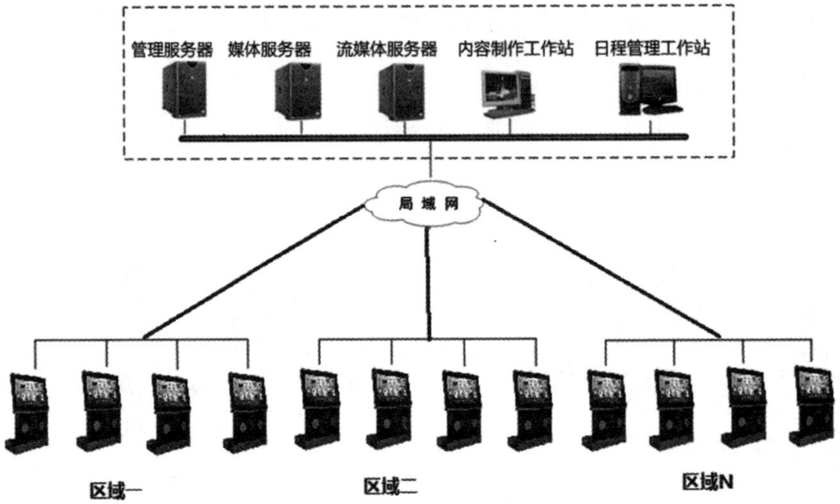

图 4-2　触控终端系统结构图

4.3.3.1 系统组成说明

智能播控系统由智能触控终端、网络平台、管理中心及显示终端构成。系统采用推拉的形式进行数据的接收和处理，通过局域网可进行远程终端管理、终端控制、终端节目更新、终端实时信息发布等功能。实现了显示的电子化、实时化、网络化、智能化，顺应了高校图书馆安全管理的需要。触控终端支持对音视频节目的直播，广告运营等。

（1）智能触控终端：很多高校图书馆都希望搭建自己的网络多媒体播放平台，播放校内信息、重要通知、活动计划等多媒体信息。智能触控终端和显示终端，主要功能是接收控制中心服务器发出的媒体文件，播放列表，按计划播出媒体文件。触控终端能响应管理中心管理控制命令，即用户可根据管理需要向终端显示屏上发布各种音视频信息，一次内容安排后，触控终端即不再需要人工值守。智能触控终端支持多种音视频流格式、图像、文字和滚动字幕的播放。自带硬盘的智能触控终端可以自动按节目播出单播放存放在硬盘中的节目内容。节目内容可以在网络流量相对小的时段传输到智能触控终端，从而充分利用网络带宽。

（2）网络平台：通过图书馆内的局域网网络资源，让触控终端连接到网络上。媒体文件从管理中心通过网络传播到终端触控终端，实现终端和管理中心相互通信。

（3）管理中心：管理中心配置智能管理服务器、媒体制作工作站、媒体内容服务器。管理服务器设在各管理中心，实现对终端触控终端的管理和控制。系统的架构灵活，可以采用分布式流服务器管理。管理服务器上安装智能播放管理软件负责各种多媒体信息的发布，供管理员对智能触控终端实现各种功能的应用。

（4）显示终端：系统支持多种显示设备，包括触摸屏、离子显示器（PDP）、液晶显示器（LCD）、CRT显示器、前投射显示、背投显示器、网络触摸终端、多屏幕拼接显示墙等，根据特定需要选择特定的显示终端。

4.3.3.2 设备安装方式

对于智能播控系统前端设备安装，有以下几种方式：

（1）纯触摸屏交互式终端：可以采用壁挂方式与落地方式进行前端安装，提供多种落地样式进行挑选，要求网络与电源铺设到位。

（2）分区域广播终端：采用吸顶式安装方式，美观大方兼顾实用。

4.3.3.3 第三方系统对接

智能播控系统形成了标准的中间件系统，采用国际标准的Web Service接口，能够轻易地与第三方系统进行对接。同时智能播控系统充分地考虑到各类用户对于多媒体信息系统整合的灵活性和兼容性需求，向合作伙伴提供了矩阵式接口中间件引擎。

按照与信息化系统耦合度强弱，分为三层，分别是：①Web Service消息接口：依赖于信息化系统需求可灵活增减接口；②消息逻辑处理：对消息的逻辑处理，通过模块化将逻辑处理单元颗粒度降到最低，通过不同消息处理单元的组合，灵活地形成不同层次和功能的接口逻辑；③管理引擎：播控系统管理的核心，封装了通用性最强的功能和业务逻辑。

纵向上，将消息逻辑的处理按照管理控制强度的深浅分为三层。①应用管理层：提供对播控系统最基本的控制逻辑；②资源管理层：提供播控系统核心资源的管理逻辑；③系统管理层：提供播控系统全局性管理逻辑。

通过这种矩阵式的中间件架构，向各类客户提供了更加丰富和灵活的播控发布与管理接口；同时，由于清晰的层次结构和低耦合度的模块设计，当某一层次或者某一模块进行功能变更或者升级时，将对其他部分的影响降至最低，极大降低客户后期版本更新和维护的工作量，提高系统升级开发的效率。

4.3.4 智能播控系统优势

智能播控系统融入了触控技术、多媒体处理技术、网络技术、智能网络传输控制技术、安全加密技术、计算机技术等众多技术，充分体现了系统技术的先进性和成熟性。同时不管采用何种方式部署，提供统一后台管理平台，无须多个管理软件来回切换，提高了用户的使用方便性。系统后端管理平台采用Java跨平台工具进行编写，可以运行在Window系统和Linux系统上，实现真正的跨平台。

4.3.4.1 播控系统优势

（1）统一管理：智能播控系统能够实现对不同媒体内容、设备和终端的统一管理，简化了管理流程并提高了管理效率。

（2）多终端支持：系统具备多终端支持能力，可以适配不同类型的终端设备，包括触控屏幕、移动设备以及电脑等，提供统一的媒体服务体验。

（3）实时更新：系统能够实时更新媒体内容和系统功能，确保用户获取到最新的信息和功能体验，保持系统与时俱进。

（4）交互性强：系统提供丰富的交互功能，包括触控操作、语音识别、手势识别等，使用户与系统之间的互动更加便捷和自然。

（5）高度定制化：系统支持高度定制化的媒体内容和服务，能够根据用户的特定需求和偏好提供个性化的内容展示和服务模式。

（6）多媒体整合：系统能够整合多种媒体形式，包括文字、图片、音频、视频等，实现多媒体内容的统一管理和展示，提供更加丰富的信息呈现形式。

（7）实时反馈：系统能够提供实时的用户反馈机制，收集用户意见和建议，并快速响应用户需求，不断优化系统功能和服务体验。

（8）故障预警：系统具备故障预警机制，能够及时发现系统故障和问题，并提供相应的解决方案和应急措施，保障系统的稳定运行和可靠性。

（9）多语言支持：系统支持多语言显示和操作，能够满足不同语言用户的需求，并提供多语言的内容传递和展示服务。

（10）自动化管理：系统能够自动管理媒体内容的编辑、传输、发布和管理，提高工作效率和准确性。

（11）高效性能：系统具备高效的媒体处理能力和快速的传输速度，能够实时响应用户需求并快速处理大量媒体数据。

（12）精准定位：通过区分不同触控终端受众的传播模式，系统能够精准定位目标受众，提供个性化的内容传递服务。

（13）灵活扩展：系统具有较高的扩展性，能够根据需求进行灵活的扩展和升级，满足不断增长的用户需求和技术要求。

（14）实时监控：系统能够实时监控媒体内容的传输和展示情况，及时发现并解决潜在问题，保证内容的准确传递和展示效果。

（15）多样化应用：系统适用于多种场景，如高校图书馆、企业展示厅等，能够满足不同场景的需求并提供定制化的解决方案。

（16）节能环保：系统注重绿色节能原则，采用节能技术和材料，降低能源消耗和环境负担，有利于节约资源并保护环境。

（17）信息安全：系统具备较高的信息安全保障机制，能够保护媒体内容和用户数据的安全，防止信息泄露和非法访问。

（18）智能化操作：系统提供智能化的操作界面和功能，用户可以通过智能操作方式进行系统管理和控制，提高工作效率和便利性；远程升级触控终端固件，无需技术人员到触控终端进行操作[14]。

（19）数据分析：系统能够对用户行为和媒体内容进行数据分析和统

计，为用户提供有效的数据支持和决策参考，帮助优化内容传递策略和服务模式。

4.3.4.2 多媒体触摸屏系统优势

（1）功能全面，具有高度的实用性：播控系统集触控技术，信息查询技术、资料管理技术等功能与技术于一身，公众通过只需轻轻一点即可了解相关咨询。

（2）人性化界面设计及丰富的多媒体效果：专业美工设计的图片和界面友好、美观、大方，操作简便，效果绚丽。系统内容丰富，可为用户提供多种自服务，系统采用结构化设计，结构简洁，脉络清晰，查询轻松自如，一目了然。

（3）良好的服务功能：自助式的服务模式，自助式的广告宣传，大大减轻了工作人员的工作负荷，系统拥有强大的后台管理系统，用户可以及时、方便地对数据进行获取，维护，更新和制作广告信息，同时提供智能的超强网络服务功能。

（4）模块化系统设计：在智能播控系统中的模块化设计使得系统更加灵活和可扩展，能够根据具体需求进行定制和调整，从而满足不同场景和应用的需求。这种设计使得系统更易于维护和升级，并提高了系统的稳定性和可靠性。

（5）与信息管理系统无缝对接：多媒体触摸屏可以与信息管理系统实现无缝对接，从而能够更好地管理和控制系统中的多媒体内容，实现数据的共享和交换。这样的整合能够提高信息处理的效率和准确性，为用户提供更加便捷、快速的服务。

（6）维护简单方便：系统的维护工作变得简单方便，例如可以通过远程控制进行故障诊断和修复，降低了维护成本和工作量。这种简便的维护方式可以提高系统的稳定性和可靠性，保障系统的持续运行。

（7）未来使用与扩展：多媒体触摸屏系统考虑未来的使用与扩展，使得系统具有良好的可拓展性和适应性。它可以支持未来新的功能和技术的集成，适应不断变化的用户需求和市场趋势，保持系统的先进性和竞争力。这种设计能够延长系统的使用寿命，并为未来的发展提供良好的基础。

4.3.4.3 分区广播应用优势

（1）支持多分控点：管理员可以在任何有网络的地方进行广播控制，如讲话广播（通过连接电脑的麦克风）、音乐广播、音量控制等。系统支持用户直接播放硬盘和互联网的音源，或通过外设音源，如MIC、CD、录音机等，进行直接播放。

（2）支持多分区、多音源同时播放：用户可通过软件对广播点自由分区，多分区之间可任意组合，如根据图书馆各楼层、不同区域自由设定广播点分区。

（3）系统可寻址：用户可任意使用单个或指定部分广播点进行广播。

（4）系统支持无人值守自动广播：可自行根据分区使用多音源自动播放节目；编程定时播放音乐铃声，定时时间及播放内容每周每天均可不同，根据需要每天可设置不同的音乐和歌曲。对图书馆作息时间及对学生的素质教育等定时自动管理，不再需要人工操作。

（5）支持设备电源自动管理功能：可控制任意区域、任意音箱或终端独立开关，任意区域指的是可控制指定分区内的全部音箱同时开关。

（6）软件可播放节目源具有广泛性：如WAV、MID、WMF、MP3等数字音频文件格式均可兼容，同时具有存储及音源采集功能，操作简便。主机可存储数字音源，用户可任意添加/存录曲目。支持用户方便地从不同音源（CD、录音机等）进行数据采集，并以MP3格式存储到主机中。

（7）具备用户权限密码管理功能：主控软件可以对分控软件设置权限，可设定分控软件控制的区域权限，可操作的功能权限。

（8）终端解码器具有断点续播功能：正常播放时因意外断电再恢复时能自动续播。主控机房通过软件可以对终端解码器音量进行调节，系统关机时带音量记忆功能，重新启动后将终端所有解码器音量自动调整到关闭前状态。

（9）分控系统采用IP网络分控：无需增加硬件设备，仅利用学校局域网线路传输控制信号与语音信号，可以实现多个点同时进行，各自管理控制自己权限内的终端，可以控制到某个点终端音箱。

（10）系统具有消防报警系统接口：可实现与学校安防系统对接。

（11）所提供的设备可以在多套节目同时播放时可靠，无串台，无频漂。

（12）系统具有扩展能力：接收设备不受数量的限制，可以根据需要随时增加。

（13）支持突发紧急情况，计算机死机崩溃将自动切换工作，不影响整套系统的正常运行。计算机上的广播软件重新投入工作后，可将控制权交回给广播软件。脱机使用，将每天的作息表下传到智能播放主机，计算机不须打开也能正常自动播放。

（14）主控软件具备远程升级的功能：方便各功能的及时更新；具备实时音频编码、讲话的设备具备实时录音和监听功能。

（15）网络寻呼话筒录音：服务器实时录音和本地录音，服务器在线后，本地录音文件自动上传到服务器。RCA插座，实时立体声MP3编码，实时网络传输。

4.3.5 信息发布方式

为了实现对读者进行信息发布服务，建议在高校图书馆不同位置设置不同内容的触控或常规发布点，以组合播放和动态分屏方式将指定的内容向读者播放。

4.3.5.1 触控和常规发布一体化

触控和常规信息发布一体化解决方案示意图如下所示：

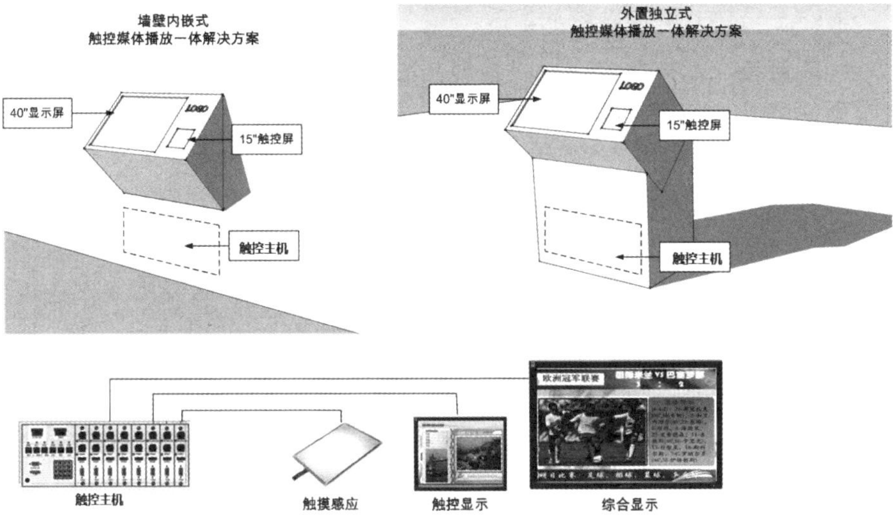

图4-3　触控和常规发布一体化

智能多媒体触控系统提供触摸查询与综合显示的一体化解决方案，基于先进的智能多媒体智能播控技术而设计，为满足个人查询与公众信息显示、媒体播放的集成化需求，具体工作流程如下：

（1）无人使用时，综合显示屏显示定向的媒体播放与公众信息发布内容，触控显示屏显示触控查询主界面。

（2）当有触摸查询请求时，综合显示屏和触控显示屏均同步显示多媒体查询内容。

（3）待查询结束，超过60 s没有触摸屏信号后，综合显示屏自动恢复显示定向的媒体播放与公众信息发布内容，触控显示屏自动返回触控查询主界面。

综合显示的内容和触控查询内容均基于集中管理的分布式网络结构数据，可以通过网络，实现远程对一体机的如下主要管理功能：综合显示内容的播出计划更新与播放控制；综合显示内容的实时更新；触控查询内容、数据的实时更新；设备状态和播出内容的监控；远程的休眠、唤醒、开关机、升级等维护功能。

4.3.5.2 与LED屏控系统的集成

智能触控终端内置兼容性、扩展性极强的外设适配接口，可以扩展与LED异步的屏幕控制器或与LED同步的屏幕控制器，以及单基色、双基色、全彩LED屏控系统的集成。

4.3.5.3 LED异步屏集成方案

智能触控终端与LED异步屏的集成方案通常涉及硬件、软件和通讯协议等多方面的考虑，下面是一个较为常见的集成方案：

（1）硬件集成：选择适当的多媒体触控终端，确保其具备稳定的处理能力、合适的屏幕尺寸和分辨率，以及兼容性强的操作系统；选择合适的LED异步屏，确保其支持与触控终端的通信协议，具备良好的显示效果、高度可靠性和适应不同环境的能力。

（2）软件集成：确保触控终端能够正确识别LED异步屏并控制其显示内容，同时保证操作简便、用户友好；根据用户需求开发相应的应用软件，实现对LED异步屏的灵活控制和内容管理，以满足不同场景下的显示需求。

（3）通讯协议：选择合适的通讯协议，确保触控终端与LED异步屏之间能够稳定地进行数据交换和通讯，常见的协议包括TCP、UDP等；明确定义数据的传输格式和内容，确保数据的准确传输和解析，从而保证触控终端能够准确控制LED异步屏的显示内容。

（4）用户界面设计：设计直观、简洁的用户界面，使用户能够轻松地控制LED异步屏的显示内容和参数设置；提供丰富的功能选项，如定时显示、内容轮播、亮度调节等，以满足不同用户的需求。

（5）系统测试：在集成完成后，进行充分的功能测试和稳定性测试，确保整个系统能够长时间稳定运行，保障用户体验和系统可靠性；确保提供及时的技术支持和维护服务，解决用户在使用过程中遇到的问题，保障系统的稳定性和持续运行。

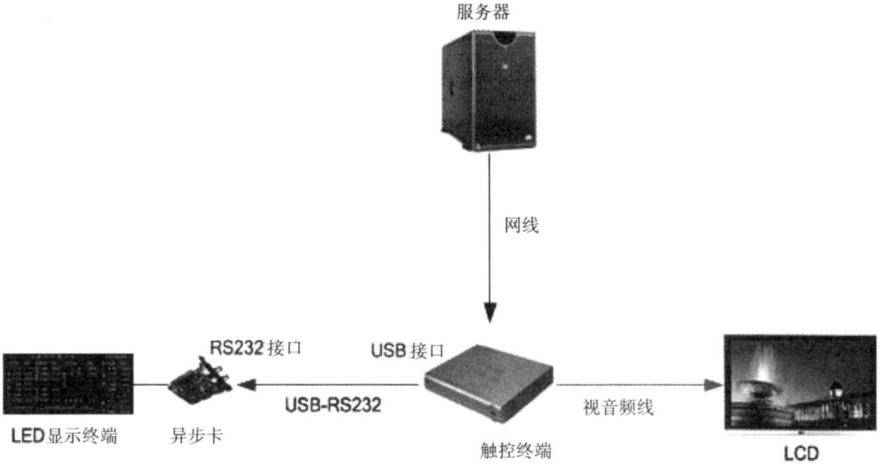

图 4-4 设备连接示意图

4.3.5.4 LED同步屏集成方案

智能触控终端与LED同步屏集成方案是将智能触控终端与LED同步屏进行有机整合，使其能够协同工作并提供更多功能和用户体验。以下是一个典型的智能触控终端与LED同步屏集成方案介绍：

（1）硬件集成：选择适当的智能触控终端，确保其具备高性能的处理器和操作系统，以支持复杂的图像和视频处理；选择与触控终端兼容的LED同步屏，确保其具备高分辨率、高亮度和高对比度，以保证显示效果的清晰度和良好性能。

（2）软件集成：根据用户需求开发定制化的应用软件，使触控终端能够实现对LED同步屏的控制和管理，包括图像和视频的播放、显示内容的切换、亮度调节等功能；确保触控终端能够与LED同步屏稳定通信，传输各种图像、视频和控制指令，以实现内容同步播放和控制管理。

综合考虑各方面，一个成功的智能触控终端与LED同步屏集成方案应当注重硬件、软件、用户体验和系统稳定性等方面的协调配合，以提供高质量的显示效果和用户体验。

4.3.6 智能播控系统功能

4.3.6.1 智能化的播控体系功能

智能播控系统提供多种多样的个性化播出方式，比如定时播出、周期播出、立即播出等，同时能够对节目中的图片、文字进行特效以及各种属性的设置，包括字体颜色、滚动速度、大小等；具有强大的播出排程管理能力，可以有设定开始时间、延续时间、结束时间等功能，可以设定每段节目开始时间和延续时间，还有节目间隔时间，比如每天播出一次。设置间隔时间单位可为小时、分钟和秒。无论是开始时间，还是节目延续时间和间隔时间都可以精确到秒。该系统同时支持与天气预报网站实时对接，获取实时天气预报信息。

4.3.6.2 终端个性化设置功能

终端个性化设置功能能够很好地满足不同位置的应用要求，比如不同位置可以设置不同菜单和背景，包括修改终端的空间存储数据、触摸互动内容、设置监控全网开放、选择不同形式菜单等个性化设置。设置参数是单个终端设置时所要用到，比如修改首页菜单号码可以改变当前终端的菜单。在点播栏目中观看节目时，用户可以按遥控器中的投票键对所观看的节目进行评价。

4.3.6.3 媒资的应用管理功能

智能播控系统平台系统提供媒资的导入、导出以及节目的编排编辑功能，提供图片、文字、视频等多种节目媒体资源的上传与下发，用户可以将事先预备好的标清节目，或是通过互联网上下载的高清、标清的视频素材文件，直接上传素材服务器，通过智能播控系统平台进行素材的可视化编辑后，下发到终端进行节目的播放。

如用户需要对视频等进行编辑，可进行相应处理，之后通过智能播控系统平台导入媒体服务器。如果需要从DVD直接进行播放，则需要与智能编码器进行配合，进行信号的实时编码，然后推送到各个终端，实现视频的直播。

4.3.6.4 触摸查询功能

触摸查询模块由自助查询终端、智能触控终端、触摸查询软件等几部分构成。系统采用B/S、C/S相结合的结构实现，采用先进的多媒体技术，触摸技术，采用直观生动图文并茂的方式，给用户提供优质、便捷的服务。同时提供常规的触摸查询，参观者可以在查询机进行自助的多媒体视频信息导览查询，读者在屏幕上可以通过点击进行互动，可以实现360度全景导航等众多互动内容，还可以通过在后台进行设置，使互动内容定时定点地自动弹出。

系统同时提供图书馆简介、楼层信息、服务设施信息、功能分区信息的总览查询，以及楼层平面图、办公室、服务设施的楼层分布查询，还可以根据业态分类进行相关位置的查询与实时引导服务，包括能够定位到当前位置，并通过当前位置进行查询相关阅览室、服务设施、出入口等重要位置，点击引导按钮后，进行实时引导路线规划指引服务。

4.3.6.5 三维智能引导导航管理功能

智能播控系统能够通过自主研发的大型复杂环境的虚拟空间展示和多维渲染3D引擎技术，通过建模，完全渲染技术以及采用真实照片进行360度全景显示模式，在实时渲染中利用对环境的精确建模，由自主研发的客户端软件，进行实时渲染呈现，让接触和使用者达到身临其境的感觉，提高人们的体验性和操作性。同时系统能够根据用户需求进行相关三维地图的建模与定制服务，如各区域3D效果展示引导等。

（1）建筑群布局展示：通过外景的三维模型实现360度动画展示，让用户能够全面了解各区域及各功能区域的分布及建筑风格。

（2）楼层平面/三维视图展示：再现楼层区域空间分布，当用户能够点击楼层图中的功能区时，展示对应功能区的文字介绍、图片或相关视频等介绍信息。

（3）动态路径导航：借助触摸屏的三维实景区域图，使用户可以轻松找到要去的区域和公共设施。

4.3.6.6 统计报表管理功能

统计报表管理模块根据用户的实际运营需求，无论是下载播放还是在线播放，智能播控系统平台将记录详细的内容播出记录，智能播控系统平台每天定时从触控终端采集这些播出记录并集中存储。在收集的详细数据基础上，该模块提供图形化的操作界面对这些数据进行挖掘分析，并针对各个终端的各种内容提供多种形式的报表，提供翔实的统计数据。

4.3.6.7 特殊信息实时发布功能

按照学校相关部门播放要求表单，将各类信息编排到播出单中，根据要求对表单以及表单内容进行综合管理，并指定要发布的位置，编排具体实际排播表播出，同时可以结合同一时段的播放内容给予领导相关的反馈数据。

4.3.6.8 播放控制管理功能

（1）支持触摸屏显示方式的分区管理，可任意分配所属的播出单分区。

（2）对播出单进行多样化的编辑，在编辑区域内可实现任意划分任意区域的可视化操作，提供多种素材的编辑。

（3）系统支持对所有播出内容模板的导入和导出，避免了重复编辑播出单。

4.3.6.9 设备控制管理功能

（1）支持建立触控终端区，实现触控终端划分区域进行管理，可实现多级区域管理。

（2）触控终端的添加、删除用户可随时对某个区域添加和删除播放器，并编辑触控终端名称、放置地区位置、查看当前状态等。

（3）支持触控终端主动发现服务器的方式，给触控终端配置服务器IP，触控终端开机自动连接服务器。

（4）支持网络升级触控终端软件，支持网络升级触控终端Firmware。

（5）支持设置触控终端的显示模式、输出模式、音量、支持设置触控终端休眠、关机时间，支持批量设置触控终端的参数，简化设置操作。

（6）远程控制关联设备（如：显示屏设备），实时控制触控终端的开关。

（7）对网络触控终端的磁盘空间占用情况信息能够进行汇总和监控，显示磁盘空间使用情况及占用百分比信息。

4.3.6.10 分组控制管理功能

（1）提供灵活的分组管理：允许管理员根据不同的需求和场景将播放设备分组，便于统一管理和控制。

（2）支持批量控制操作：允许对同一分组内的多个设备进行批量控制，例如同时开启或关闭、同时播放特定内容等操作。

（3）提供定时任务管理：允许设置定时任务来管理和控制播放设备，以便自动化地执行各种播放任务和操作。

4.3.6.11 用户管理功能

（1）用户角色分配：设置管理员的管理角色。

（2）权限管理：设置管理员的不同模块管理权限。

（3）分级管理：给管理员分配不同的触控终端、素材和播出单目录。

4.3.6.12 审核控制管理功能

（1）审核策略的建立。

（2）新建审核策略，确定审核人员。

（3）建立审核规则：确定多人审核的情况下，审核通过规则。

（4）分配需要审核的素材目录。

（5）分配需要审核的播出单目录。

（6）审核记录查看。

（7）查看素材审核情况。

（8）查看播出单审核情况。

4.3.6.13 系统控制管理功能

（1）查看文件传输信息，显示传送方向、触控终端IP、传送开始时间和完成时间以及可以导出这些信息到excel表格。

（2）在线用户信息查看。

（3）查看告警信息。

（4）节目日志查询。

（5）查询用户的操作记录，包括添加、删除、新建触控终端、新建群组、播放控制等操作以及可以导出这些信息到excel表格。

（6）系统信息查询：显示版本信息和许可证到期时间。

（7）系统参数设置。

（8）网络参数设置。

4.3.6.14 监控管理功能

（1）支持对触控终端进行控制，可完成播放、停止、音量控制、触控终端休眠、重启、关机等操作。

（2）支持插播文字信息，可更改插播的文字的大小、字体等属性。

（3）支持远程时间校准功能，可同步全网终端时间。

（4）查看到触控终端属性和相关参数，当前的内外网IP、名称、唯一标识符、播出状态、当前播出单和触控终端所属的区域。

（5）支持触控终端刷新，获取最新的触控终端工作状态。

（6）实时监控触控终端的播出状态。

（7）以跑马灯的形式显示触控终端上线、传输信息、报警信息等。

（8）查看触控终端的播出单、触控终端属性和文件列表。

4.3.6.15 传输控制管理功能

（1）支持手动传送播放节目到触控终端，对单个触控终端或对触控终端组进行文件传输。

（2）在网络不正常的时候，素材文件无法通过网络来传输。

（3）查看触控终端中的文件列表。

（4）可以通过“同步”来实现触控终端和素材服务器的文件同步。

（5）可以导出触控终端的文件列表到excel表，便于管理。

（6）要求传输支持文件的断点续传。

（7）支持这触控终端/触控终端组的文件立即传输。

（8）支持设定传输计划，按指定的时间传输文件到触控终端/触控终端组。

（9）可通过设置传输优先级来控制文件的传输顺序。

4.3.6.16 素材管理功能

（1）支持媒体库的分类管理，在“媒体库中”可按素材的类别或文件类型建立素材目录。

（2）在素材目录建立后，对素材可以进行导入、预览、删除等操作。

（3）上传到媒体库文件种类多样。

4.3.6.17 播出排程管理功能

（1）系统智能化、自动化程度高，集成了强大的自定义策略功能，在任务单/播出单的排成方面功能强大，如可任意定制某年、某月、某天或每天固定时段的发布任务。一个任务里面可以包括一个或者多个内容，同时可以细化到某个时间段播放指定的内容。

（2）可以在有特殊需要的时候，进行立即插播，同时在插播时不会影响主任务正常发布的有效期，待插播结束后，主任务会从断点处继续发布。

（3）对于单个发布点或多个发布点的任务可以根据用户的需要进行符合用户要求的自由排程。能实现按年、月、日或任意时段的排程查询，快速定位到需要变更或是编辑的任务上，所见即所得。

4.3.6.18 可视化编辑功能

（1）提供直观的界面编辑工具：提供直观的图形化界面，允许用户通过拖拽、编辑等方式轻松创建和编辑媒体播放内容。

（2）支持多种媒体类型：允许用户在编辑界面上同时管理和编辑图片、视频、文字等多种媒体内容，实现多样化的播放效果。

（3）提供预览功能：允许用户在编辑过程中预览媒体内容的播放效果，以便及时调整和优化内容效果。

4.3.6.19 直播管理模块

（1）支持直播流管理：允许管理员集中管理和控制各种直播流，包括添加、编辑、删除、调整播放顺序等操作。

（2）提供直播预设功能：允许预设直播任务和播放计划，以便自动化地进行直播内容的切换和管理。

（3）提供直播监控功能：允许管理员实时监控各个直播源的状态和播放效果，以保证直播内容的稳定和可靠性。

4.3.6.20 系统更新、备份与升级

智能播控系统平台充分地考虑了实际应用情况，系统可提供双机热备以及负载均衡技术，时刻保证系统的稳定运行，同时可以对系统的数据进行定期自动备份，同时也能手动进行存储，提供了灵活多变的备份方式。

智能播控系统平台时刻紧跟技术潮流，推出紧跟时代的多媒体展现技术，不断地进行系统版本的迭代，在增加新功能与稳定性的同时，系统可通过智能高安全性的更新服务器程序自动更新系统，从而保证系统可靠稳定运行。

4.3.7 智能播控系统关键技术

智能播控系统平台软件由触摸屏前台展示系统、触摸平台后台管理系统、数据库接口系统、多媒体信息发布融合系统、多媒体信息发布后台融合管理系统等几部分组成，同时整个平台系统拥有多项软件著作权及相关专利技术，也在系统平台安全方面做了大量的研究与设计，让系统能够真正达到安全、稳定、可靠运行。系统具体关键技术点如下：

4.3.7.1 智能网络管理技术

该系统一般具备Agent网络引擎技术，通过网络智能Agent化管理，可以让使用者不用关心网络上的位置，同时可以监控信息流量并且将通信负荷进行合理分配，自动选择信息传输路由，从而减少服务器压力与网络压力。

4.3.7.2 传输自适应引擎技术

系统平台支持手动传送节目到触控终端，对单个触控终端或对触控终端组进行文件传输。在网络不正常的时候，素材文件无法通过网络来传输。

系统支持触控终端/触控终端组的文件立即传输，支持设定传输计划，按指定的时间传输文件到触控终端/触控终端组，可通过设置传输优先级来控制文件的传输顺序。

系统支持网络数据流量的调节，支持断点续传、断电续传、策略传输、智能流量控制等功能，避免由于传输的大流量而影响日常业务正常运行。

4.3.7.3 基于策略的智能工作流引擎

该引擎通过面向策略的工作流制定方式，能完成终端设备复杂的日常维护工作，提出了系统触发式动作响应执行的方式，可以根据终端及服务器组件基于各种运行状态和时间的策略可触发不同的响应动作，每条策略的执行过程无需人工值守，以此方式实现了整个系统的半自动化管理，如开关机，休眠，响应传输等操作都可以策略化定义，大大减轻了运维人员的管理工作。

4.3.7.4 智能安全内容时分推送技术

智能安全内容时分推送技术构造了媒体服务器到触控终端的媒体传输协议，通过对网络内带宽的动态侦测，自动平抑各条链路带宽占用，具备时分效果，能共享楼宇的业务网而不影响其他的日常业务和其他带宽需求，通过该技术能保障整个播放平台稳定地运行于复杂的低带宽和不稳定的网络环境内。

4.3.7.5 多种安全加密机制技术

（1）提供数据加密传输：使用先进的加密算法和协议保障数据传输过程中的安全性，防止数据被恶意拦截和篡改。

（2）提供访问权限控制：允许管理员设定不同用户和角色的访问权限，确保只有授权人员可以进行关键操作和管理。

（3）提供内容加密存储：对敏感和机密的媒体内容进行加密存储，确保数据安全性和隐私保护。

4.3.7.6 善可靠的审核机制技术

（1）提供审计日志记录：记录所有关键操作和管理活动，包括操作时间、内容变更等，以便追踪和审核系统的操作历史。

（2）提供异常监测和报警功能：监测系统运行过程中的异常情况并及时报警，以便管理员能够及时采取措施避免系统故障和信息泄露。

（3）提供用户行为监控：监控用户的操作行为，防止内部人员滥用权限或者进行违规操作，确保系统的安全性和稳定性。

4.3.7.7 流媒体协议技术

流媒体在网络上的传输必然涉及网络传输协议，其中包括Internet本身的多媒体传输协议，以及一些实时流式传输协议等，只有采用合适的协议才能更好地发挥流媒体的作用，保证传输质量QoS。IETF（Internet工程任务组）是Internet规划与发展的主要标准化组织，已经设计出几种支持流媒体传输的协议。传输协议是流媒体技术的一个重要组成部分，也是基础组成部分。它包括RSVP（资源预留协议）、RTP（实时传输协议）、RTCP（实时传输控制协议）、RTSP（实时流协议），这四种协议构成了real-time服务的基础。

4.3.7.8 实时流传输协议

目前几种支持流媒体传输的协议主要有用于Internet上针对多媒体数据流的实时传输协议RTP（Real-Time Transport Protocol）、与RTP一起提供流量控制和拥塞控制服务的实时传输控制协议RTCP（Real-time Transport Control Protocol）、定义了一对多的应用程序如何有效地通过IP网络传送多媒体数据的实时流协议RTSP（Real-time Streaming Protocol）。智能播控系统对实时流传输协议进行了深度的研究与开发，让播控系统的数据传输、信息交互能够更加有效、更加快捷。

4.3.7.9 智能管理控制技术

（1）智能网络触控终端采用高性能处理器和硬件解码器，支持多任务的操作系统，具备通信和控制模块，能够实现远程、分布式、智能化管理控制功能。

（2）智能播放系统能够按素材的内容进行划分统一管理，实时从服务器传输文件到触控终端本地播放，对触控终端分区域、分组管理。播出单的智能管理（新建、编辑、删除），智能系统维护功能，能够对用户实施管理，设定密码、使用权限的操作。

（3）智能播放系统能够对导入素材内容进行预览，并对预览内容随时抓取关键帧，能够对播出内容实时可视化编辑，包括重定义视频区域、添加和删除图片、滚动字幕等功能。

4.3.7.10 QoS技术

服务质量（QoS）可以管理网络中的延时、延时变化、带宽和丢包等参数，对于流媒体应用需求，基于网络的应用识别（NBAR），这种服务可以区分不同应用的流量；服务保障代理（SAA），可以用于端到源的功能可以提供很多增值服务。例如基于网络的应用识别端的QoS测量值；资源预留协议（RSVP）信号服务，用于访问控制和预留资源。

对于流媒体这类对网络要求高的应用，QoS能提供更可靠的容错技术、自动地识别带宽应用的大小和解决网络拥挤故障等。多播技术还可以提供带宽预留技术，这种技术能够通过同时向数以千计的接收端发送单一信息流来降低流量。多播时服务商实现视频播放的分布、电子化学习、软件分布以及其他应用变得轻松自如。系统利用独立于协议的多播（PIM）以及其他支持多播的协议，对多播分组进行复制，从而实现了一种有效地向多个接收端发送数据的方式。

4.4 智能播控系统应用要点

智能播控系统在图书馆实际应用过程中需要注意一些关键事项，以确保系统的顺利运行和提供高效的服务：

（1）系统选型：选择适合图书馆规模和需求的播控系统，考虑音响设备、屏幕、投影仪等硬件的品牌、性能和质量；考虑系统的可扩展性，以适应未来的扩展和增长。

（2）集成与互操作性：确保智能播控系统与图书馆管理系统及数字化校园系统能够有效集成，以确保身份认证和资源发布的同步和一致性；测试系统的互操作性，以避免不同供应商的设备之间的兼容性问题。

（3）网络和连接：确保网络连接可靠和稳定，以支持音视频的流畅播放；考虑网络带宽，以满足同时多客户端使用系统的需求；严格控制系统后台及设备访问权限，落实网络安全防控措施，切实保证整个系统不被入侵及信息安全。

（4）内容管理：确保多媒体内容的合规性，严格遵守相关法规，谨防侵权和有害信息的发布；建立内容编辑、审核、发布等管理制度，包括内容更新、存储和备份。

本章参考文献：

[1]张晓敬.触屏播控系统在图书馆的应用研究[J].图书情报导刊,2017(11):17—21.

[2]罗凤莉.图书馆导入广告的探讨[J].科技情报开发与经济,2005(24):36—37.

[3]李丽.图书馆与广告效应研究[J].现代商贸工业,2010(24):347—348.

[4]王东艳,彭妍.图书馆指示系统设计及多媒体技术的应用[J].图书馆学研究,2005(03):24—26,91.

[5]远红亮.多媒体信息发布系统及图书馆应用[J].现代情报,2011(7):85—89.

[6]张秋,魏成光.多媒体信息发布系统在大学图书馆的设计与应用:以清华大学人文社科图书馆为例[J].图书馆学研究,2011(20):38—41.

[7]曾赤敏.试谈广告与图书馆[J].图书馆建设,1998(2):63—64.

[8]黄勇.全媒体信息发布系统实现图书馆服务架构的构建[J].科技创新与应用,2014(5):72.

[9]钟进华.论广告创意在高校图书馆人文建设中的作用[J].中国报业,2011(24):93—94.

[10]孔健,张怀珠.高校图书馆的公益广告与读者管理[J].图书馆学

刊,1998(1):23—24.

[11]张春志,耿姝,于广艳,等.基于Linux嵌入式多媒体广告机[J].电子技术与软件工程,2014(19):77—79.

[12]张文涛,刘滨,綦声波,等.一种C/S模式与嵌入式Linux的广告机播放系统[J].单片机与嵌入式系统应用,2020(1):68—71.

[13]曹礼玉.基于Android的可交互广告机设备开发[J].无线互联科技,2019(16):47—49.

[14]何金龙,高文华.基于Linux平台的网络广告机的设计[J].单片机与嵌入式系统应用,2011(4):56—59.

5 云桌面系统

云桌面系统可以为高校图书馆读者提供灵活、高效、安全的虚拟化桌面环境，支持多终端访问和个性化定制，提高资源利用率和系统稳定性，简化IT管理和维护工作，提升电子资源服务水平。

5.1 云桌面系统应用背景

随着中国信息化改革的不断深入，课堂教学方式也在持续创新。许多高校图书馆正在加强教学计算机机房的基础设施建设，包括添置大量高性能的计算机、服务器和大型数据存储设备，建立标准化的数据中心机房。同时，他们采用了成熟的“云计算”和虚拟化技术，提供高效灵活的教学实验[1]、文献检索、信息培训[2]等应用环境[3]，促进现代信息技术与实际业务的深度融合，提升平台的整体保障能力和服务水平。由于云计算具有“安全”“管理”“灵活”“绿色”的特性，它是各个行业信息化推进和未来机房桌面技术架构的发展方向之一。因此，云桌面的建设已成为广大高校信息化工作者的共识。

从IT技术发展的趋势来看，云计算、虚拟化和虚拟桌面等技术已经成熟，成为未来信息化发展方向，教育部也大力倡导采用新兴技术提升服务水平，因此采用桌面虚拟化技术来解决IT环境管理和资源灵活使用的难题是未来的趋势[4-9]，它能够将用户桌面环境和系统运行环境分离，把用户的数据和应用都统一放在后端服务器，按教学的不同需求分配资源，既利于用户灵活使用，随时移动访问桌面，又方便管理员对终端集中管理[10]；同时桌面虚拟化技术在节约管理成本[11]，降低设备功耗，绿色环保[12]，提高系统可管理性和数据安全等方面，不仅解决了高校图书馆传统机房存在的软件部署升级困难、维护耗时费力、系统软件兼容性差、安全隐患大等问题[13]，也为云的搭建奠定基础，让信息化水平迈上一个新的台阶。

机房的云桌面系统能够与高校图书馆原有机房管理系统无缝衔接，课程管理相关软件均能够并发流畅运行。部署云桌面之后，通过课表计划能够很好地规划实验室的使用时间。系统不仅可以和原有的机房管理系统对接上，并且上课所需的专业软件都能够正常流畅运行，对于机房的维护也相对简单[14]：以往需要到现场一台台操作的繁琐费时的过程，现在只需要在管理平台上统一操作就可以完成[15]；在实际使用中，学生反馈机房设备性能更好，运行的速度比以前快，操作体验感更好。

5.2 云桌面系统应用原则

高校图书馆云桌面系统建设原则需要充分考虑教学实践的需求和目标，同时确保图书馆资源的高效利用和安全管理。以下是高校图书馆云桌面应用时应遵循一些基本原则：

（1）教育需求优先：确保云桌面方案满足信息素养教学和学术研究的需求。这可能包括提供学生、教师和研究人员所需的软件、工具和资源。

（2）用户友好性：设计和部署云桌面系统时，应考虑用户体验，使用户能够轻松访问和使用各类应用软件及馆藏资源。

（3）安全性：确保数据和用户隐私的安全。采用适当的安全措施，例如身份验证、数据加密和访问控制，以保护敏感信息[16]。

（4）可扩展性：云桌面方案应具备良好的可扩展性，以满足未来增长的需求。高校图书馆可能会扩展其资源和用户群，因此系统需要具备弹性。

(5) 性能优化：保证云桌面系统的性能，以确保快速响应和高效率。这对于访问大型数据库、在线文献和其他学术资源至关重要。

(6) 费用效益：考虑成本效益，尽量降低云桌面建设和运营的成本[17]。这包括合理选择硬件、软件和云服务提供商。

(7) 可靠性和冗余：确保系统的高可用性和冗余，以减少因硬件或软件故障而导致的服务中断。

(8) 持续改进：定期评估和更新云桌面系统，以适应变化的需求和技术进展。

最后，高校图书馆在制定云桌面建设原则时，应该与教育技术专家、信息技术团队和教育教学团队的利益相关者密切合作，以确保最佳实践和最合适的解决方案得以实施。

5.3 云桌面系统应用方案

本方案旨在运用最新的云桌面虚拟化技术，构建学校的云计算实验室机房，以充分利用管理端主机的计算能力和大型存储空间，实现用户端的集中管理和维护。这样不仅可以提升在校师生的上课用机体验，还能降低运维难度，推动图书馆的信息化建设。我们计划打造一个新时代的云计算电子阅览室和业务终端，以实现高弹性、易扩展、高可用、统一管理调配的IT服务资源平台[18]。

目前，高校图书馆正寻求以虚拟化技术为核心，实现终端桌面虚拟化，创建新时代的云计算实验室机房，来满足图书馆或学校的教学和培训需求，以及读者的信息检索和培训讲座的需求。该方案中系统需求如下：初步规划50个（根据各馆实际情况调整）终端；支持Windows XP、Windows 7、Windows 10、Linux等常见操作系统；实现前端用户操作简便，后端易于管理；支持课堂教学类、文献阅读器、OFFICE办公类、软件开发类等常用教学软件的运行；可灵活扩展以支持未来更多的虚拟桌面并发。

5.3.1 云桌面平台介绍

云桌面是一种将传统PC终端的操作系统和应用软件安装在后台服务器的虚拟机中的技术，所有的计算任务都由服务器来完成。教师或学生可以使用各种云终端设备，如传统PC、瘦客户机、PAD、智能手机、笔记本电脑等来访问虚拟机，从而实现桌面环境的集中管理、终端零维护和硬件资源的弹性分配[19]。目前适用于高校图书馆的云桌面技术有以下三种：

（1）VDI（Virtual Desktop Infrastructure）：VDI是一种集中存储、集中运算的虚拟化技术，它允许用户通过远程访问使用位于数据中心的虚拟桌面。在高校图书馆中，VDI技术可以提供稳定的虚拟桌面环境，使学生和教职工可以远程访问图书馆资源并进行学习、研究工作。

（2）IDV（Intelligent Desktop Virtualization）：IDV是一种智能桌面虚拟化技术，它整合了智能化管理和虚拟化技术，可以根据用户的习惯和需求智能分配资源。在高校图书馆中，IDV可以根据用户的学习习惯和行为提供个性化的虚拟桌面环境，提高学习效率和用户体验。

（3）VOI（Virtual Office Infrastructure）：VOI是一种提供在线办公环境的虚拟基础设施技术，它使得用户可以通过云端访问办公软件和工具。在高校图书馆中，VOI技术可以为教职工提供灵活的远程办公环境，促进教学和研究工作的协作与交流。

从云计算技术所属类型来看，上述三种云桌面技术都属于SaaS和私有云的模式，各有优势和特点，每个高校图书馆可以根据自身的实际需求情况进行选择，本方案中采用的是较为常见的VDI技术架构。

5.3.2 云桌面系统架构图

利用虚拟化技术，云服务器集群能够生成大量虚拟桌面，并通过远程桌面显示协议将这些桌面发送到终端设备。管理员可以通过网页浏览器访问服务器管理平台，对服务器集群和所有桌面进行管理和维护。

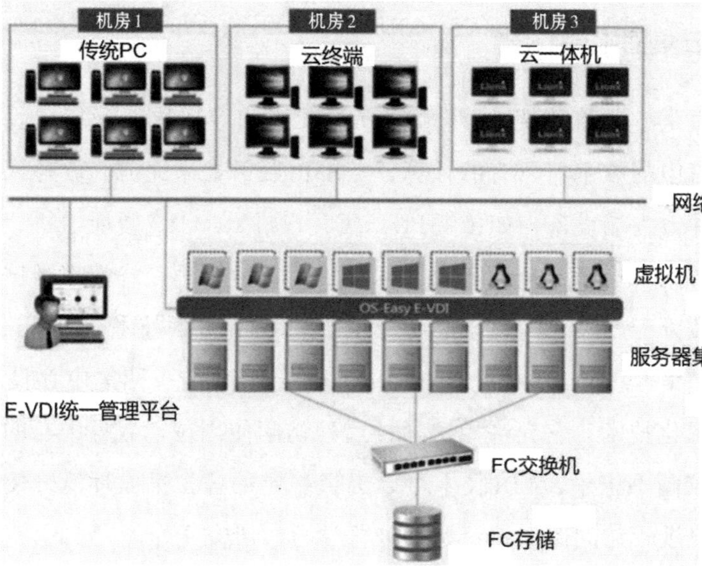

图 5-1　系统架构图

5.3.3 云桌面平台组成

表 5-1　云桌面系统组成

<table>
<tr><th colspan="2">组　件</th><th>描　述</th></tr>
<tr><td colspan="2">云主机</td><td>采用Intel产品来承载虚拟桌面，进行集中运算和存储，以确保云教室具备出色的性能和稳定性。经过严格测试，验证了这种配置的可靠性和优越性，能够为师生提供更加流畅、稳定的教学体验
</td></tr>
<tr><td rowspan="2">终端</td><td>云终端</td><td>使用云教室终端，可满足学校需求的同时更易于管理维护且节能环保
 </td></tr>
<tr><td>一体机</td><td> </td></tr>
</table>

续 表

组 件	描 述
云桌面软件	通过虚拟化技术的运用,我们生成了大量的虚拟教学桌面。利用远程桌面协议,这些桌面可以通过网络发送给云教室的终端设备进行访问。同时,管理员可以通过浏览器访问服务器管理平台,对所有的服务器、虚拟桌面、用户和终端进行集中管理维护。这种方案提高了教学环境的性能和稳定性,为师生提供了更好的学习体验
网络设备	千兆端口,用于设备连接
存储设备	NAS或SAN磁盘阵列,用于大规模数据存储

5.3.4 云桌面系统实现机制

云桌面系统的实现机制通常涉及客户端和服务器之间的交互。以下是云桌面系统实现机制的简要说明:

5.3.4.1 客户端设备

用户使用客户端设备（如电脑、手机、平板等）连接到云桌面系统。客户端设备上安装有特定的客户端软件，该软件用于与服务器建立连接，并接收和显示虚拟机桌面。客户端设备通过用户界面（如鼠标、键盘、显示器等）接收用户的输入，并将其传输到服务器。

5.3.4.2 服务器端

服务器端是云桌面系统的核心部分，负责管理虚拟机和存储数据。服务器端通过虚拟化技术将物理硬件资源转化为虚拟资源池，并创建虚拟机。服务器端还负责管理用户账户和权限，以及监控系统的运行状态和性能。

5.3.4.3 网络连接

客户端设备和服务器之间需要通过可靠的网络连接进行通信。网络连接可以是局域网、互联网或广域网，这取决于用户的需求和网络配置。

5.3.4.4 远程连接协议

云桌面系统使用特定的远程连接协议（如RDP、VNC、SPICE等）将虚拟机的桌面传输到客户端设备。这些协议能够将用户的操作指令传输到服务器，并将服务器处理的结果反馈给用户。

5.3.4.5 数据传输和管理

客户端设备仅传输用户的输入指令和显示请求到服务器，而所有数据处理和存储都在服务器上完成。这使得云桌面系统能够有效地利用服务器资源，并提供更高效的数据安全性和可管理性。

5.3.4.6 用户认证和权限管理

云桌面系统需要对用户进行身份认证，以确保只有授权用户能够访问虚拟机。用户认证可以通过用户名/密码、令牌或其他安全认证方式来实现。根据用户的身份和权限，系统会限制其对虚拟机和数据的访问权限。

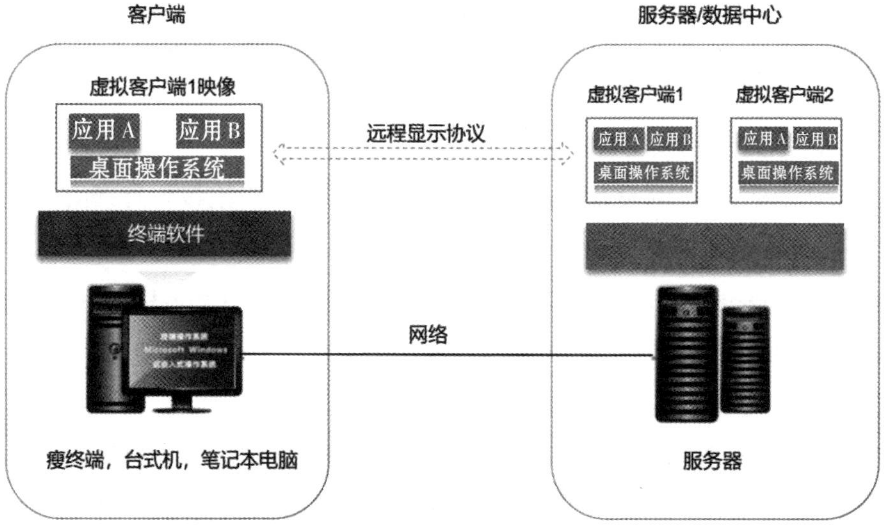

图 5-2　实现机制

5.3.5 云桌面的日常运维工作内容

5.3.5.1 云端控制

云服务端：需要部署云桌面服务器，这包括虚拟机、存储设备和网络设备等。同时，需要配置和管理云管理平台，以实现对虚拟机和用户桌面的管理和监控。用户端：用户需要使用终端设备（如电脑、PAD、手机等）连接到云桌面服务器。因此，需要对用户端设备进行管理和维护，以确保用户能够正常访问云桌面系统。认证中心：负责用户的身份认证和授权管理。需要搭建和配置认证服务器，并维护用户账户和权限信息的安全性和完整性。

5.3.5.2 设备管理

云桌面服务器管理：需要对虚拟机进行管理和监控，包括配置网络、存储和CPU等资源，以及监控系统的性能和状态。用户设备管理：需要管理和维护用户端设备，包括安装和更新软件、修复系统漏洞、修复网络连接等。

5.3.5.3 远程监控和维护

通过远程连接和监控工具，运维人员可以实时监控云桌面系统的运行状态和性能指标，及时发现和解决问题。运维人员可以使用远程管理工具对云桌面服务器进行管理和维护，例如重启虚拟机、修复系统故障等。

5.3.5.4 故障处理

当云桌面系统出现故障时，运维人员需要及时响应并处理解决。这可能包括修复网络连接故障、修复虚拟机故障、恢复数据等。运维人员还需要对系统进行备份和恢复操作，以确保系统的正常运行和数据的安全性。

5.3.5.5 优化改进

根据系统的运行情况，运维人员可以进行分析和优化，以提高系统的性能和效率。例如，优化存储设备的配置、调整网络带宽等。运维人员还可以对系统进行改进和升级，例如更新软件版本、增加新功能等，以提高系统的可用性和用户体验。

综上所述，云桌面系统的日常运维工作涉及多个方面，需要高校图书馆技术人员具备一定的技术能力和经验，以确保系统的正常运行和安全性。

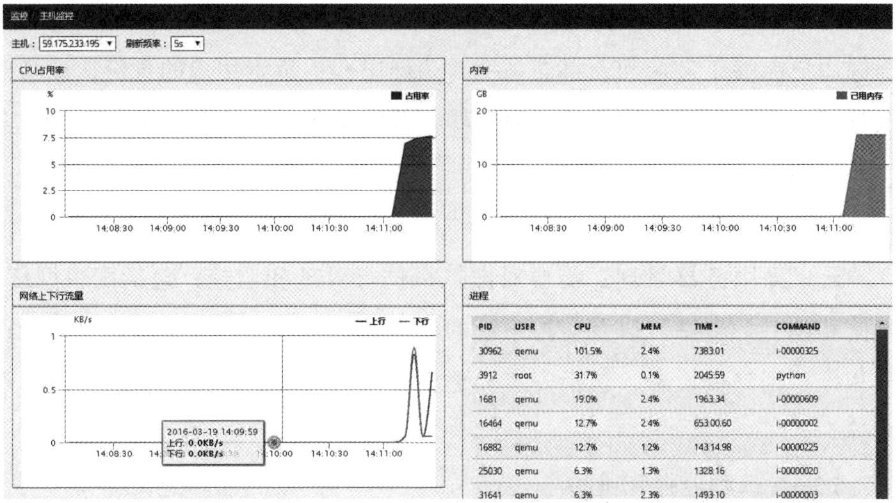

图 5-3　云桌面管理平台示例

5.3.6 环境部署升级

5.3.6.1 链接克隆

云桌面系统提供了虚拟机链接克隆功能，允许管理员通过链接克隆技术快速复制和部署多个相似的虚拟桌面环境，并通过网络实现桌面的快速分发，达到快速部署桌面环境的目的，从而简化了大规模部署的流程，节省了时间和人力成本。

图 5-4　链接克隆

5.3.6.2 一键更新

管理员可以通过云桌面系统实现一键更新，即对虚拟桌面进行统一的软件更新和安全补丁管理，保证系统始终处于最新状态，无需到计算机中心机房对终端进行操作，提高了系统的安全性和稳定性。

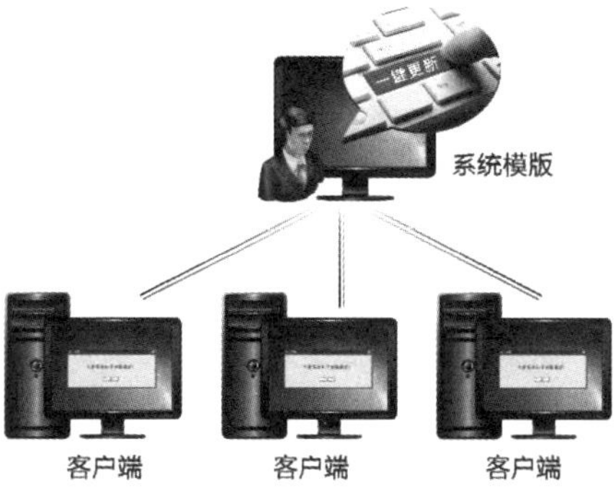

图 5-5　一键更新

5.3.6.3 批量修改

云桌面支持批量修改虚拟机IP、系统登录名（用户名）、计算机名，方便快捷搭建各类考试环境。

5.3.7 桌面使用调度

5.3.7.1 桌面双模式

在“教学桌面”模式下，老师可以访问特定的教学软件和资源，以便进行在线教学活动。此时，桌面环境通常会包含一系列教学工具和资源，例如电子教材、教学视频、在线测试等等。用户可以通过教学桌面环境来管理和组织教学活动，提高教学质量和效率。而在“个人桌面”模式下，用户可以像使用普通桌面一样进行日常办公和学习。这个模式下，桌面环境通常会包含用户常用的应用程序和文件，以便用户可以快速地完成工作和学习任务。

要实现桌面双模式运行，需要确保电脑具备足够的硬件配置来支持两种不同的桌面环境同时运行。此外，还需要在操作系统中安装和配置两个不同的桌面环境，并确保它们之间的数据和配置可以相互独立地保存和管理。在运行桌面双模式时，用户可以根据需要切换不同的桌面环境。例如，在进行在线教学时，教师可以切换到教学桌面环境；而在日常办公时，用户可以切换到个人桌面环境。这种切换可以通过操作系统的快速切换功能实现，也可以通过特定的应用程序或快捷键来实现。需要注意的是，桌面双模式需要占用大量的系统资源和内存，因此在使用时需要注意控制资源的分配和利用。如果系统资源不足或配置较低，可能会导致两种桌面环境之间的切换不流畅或出现其他问题。

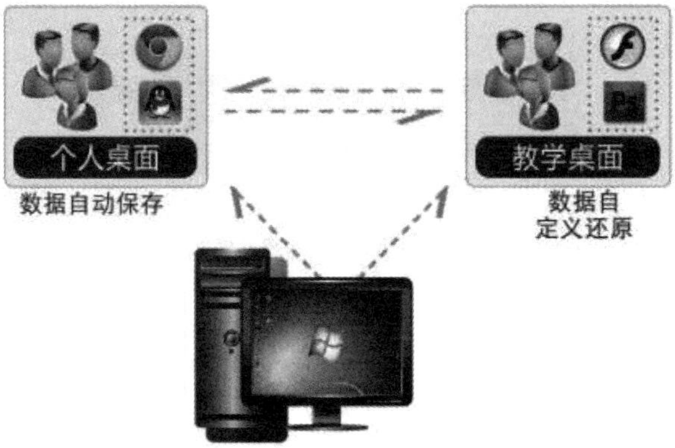

图 5-6　桌面双模式

5.3.7.2 课表计划——课程对应桌面自启动

系统还具有独特的“课程计划”功能。管理员可以在系统中制定教学计划，在教育领域中，云桌面系统可以根据课表计划自动启动相应的虚拟桌面环境，使学生和教师能够快速访问所需的教学资源和工具，提高了教学效率和学习便利性。

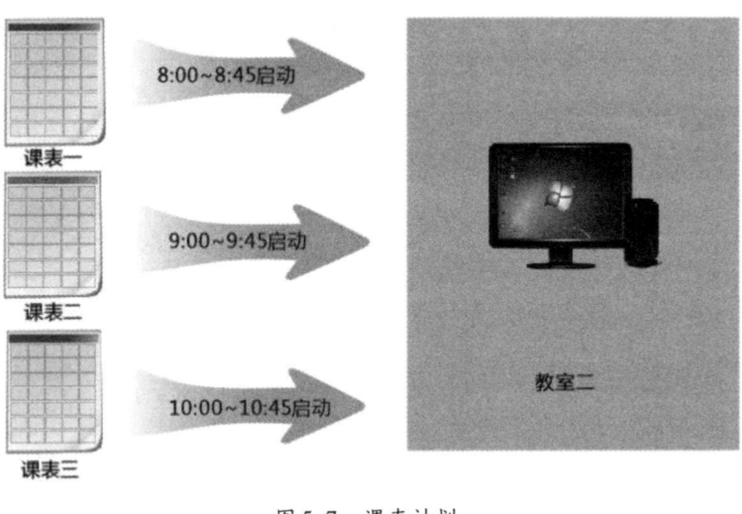

图 5-7　课表计划

5.3.8 硬件扩展

5.3.8.1 平滑扩展——延长设备生命周期

相比于传统PC电脑通常只有6—8年的生命周期，云桌面系统的使用寿命一般可以为8—10年。当需要更新换代时，云桌面系统可以平滑升级，而无需更换终端设备。通过更新服务器端的软硬件配置或者新增服务器，可以轻松实现系统的升级和扩展。这种平滑扩展的特性使得云桌面系统具有更好的灵活性和可维护性，可以根据用户需求的变化进行灵活的扩展和调整。同时，可以降低设备更换的成本和时间，提高企业的运营效率。

图5-8　平滑扩展

5.3.8.2 旧貌新颜——老旧设备也登“云”

云桌面平台里，计算能力来自服务器。终端设备可采用极低配置的PC电脑，云桌面系统使得老旧的终端设备也能够通过云端虚拟化技术实现远程访问和使用，延长了设备的使用寿命，降低了硬件更新成本，同时提升了老旧设备的性能和使用体验。

图5-9　旧貌新颜——老旧设备也登“云”

5.3.9 云桌面安全保障

5.3.9.1 桌面自定义还原

该设备系统的教学桌面不仅支持每次还原，还可根据实际应用情况调整还原策略包括每天、每月还原以及不还原。即使桌面出现软件故障无法启动，都可以重置恢复，并且所有系统内设置信息，如计算机名、IP地址等保持不变。

5.3.9.2 虚实双系统

终端设备云桌面系统支持实现双系统的部署，即用户可以在本地终端使用云桌面系统，即使遇到网络断线等异常情况，也不会影响教学和学习的正常进行，保证了教学活动的连续性和稳定性。

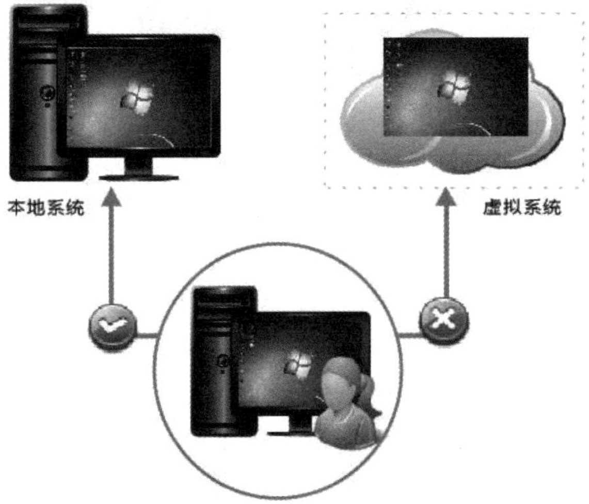

图 5-10　虚实双系统

5.3.9.3 消除故障宕机

云桌面系统具有高可用性，通过集群和备份等技术手段，能够有效消除系统故障和宕机的风险，保证系统的稳定性和可靠性，为教学活动提供可靠的支持和保障。通过管理端虚拟机的快照功能，可以快速将虚拟机还原到特定时间点。在单台服务器遭遇故障时，可以保证虚拟机自动迁移到其他正常运行的服务器（需足够的硬件资源）。此外，系统备份功能可以定期自动完成整个系统数据的备份，即使系统发生全局性崩溃，也可以通过备份的数据文件进行还原，保证系统的快速还原和运行。

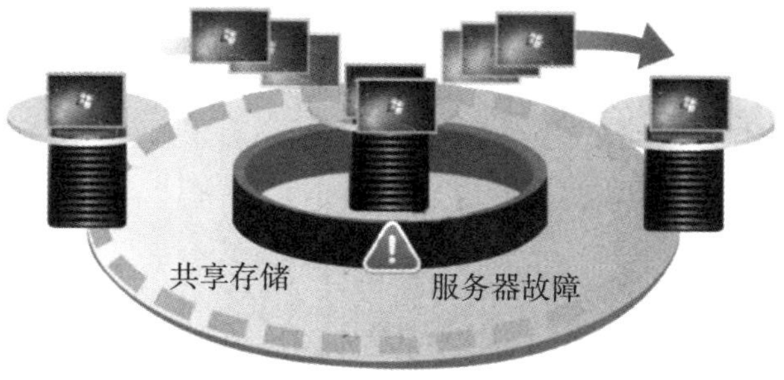

图 5-11　消除故障宕机

5.3.10 云桌面系统性能特点

5.3.10.1 大规模并发运行

常见的大规模并发运行处理方式有以下两种：一是多块高转速SAS盘的磁盘阵列，以100台虚拟桌面为例，并发启动时间为15分钟以上；二是高性能SSD盘做缓存，现已成为主流方向；以100台桌面为例，并发启动时间为5分钟左右（不同品牌之间的技术方式有差别）。

云桌面，将对于操作系统多年深度研究的成果加进去，使得虚拟桌面的并发启动、程序运行和关机速度更快；以100台桌面为例，云桌面的并发启动时间可以小于2分钟。

5.3.10.2 闪电部署

传统部署桌面效率一般为以下两种情况：一是速度慢，完整克隆，以创建100个虚拟桌面为例，要30—40分钟，或更久；二是速度快，链接克隆，以创建100个虚拟桌面为例，要3—5分钟。而云桌面是秒级部署，从一个模板克隆出100个Win 7虚拟桌面，并且完成计算机名的修改和IP地址的分配，要几十秒。

5.3.10.3 差异化更新

云桌面系统可以实现差异化更新，对于不同的用户可以根据需求更新不同的应用程序和软件，以满足不同的工作负载需求。这种差异化更新方式可以更加灵活地满足用户的需求，并提高系统的使用效率。云桌面，采用独有的差异拷贝技术，进行差异更新时，只需传输更新的部分内容一般在数分钟内即可完成整个机房的桌面更新。

5.3.11 云桌面系统技术优势

5.3.11.1 桌面传输协议领先

云桌面系统采用高效的桌面传输协议，可以将虚拟桌面的图像和数据传输到用户的设备上，同时保证传输的稳定性和安全性。这种协议可以优化网络带宽的使用，提高传输速度并减少延迟。主流桌面传输协议对教学的影响可分为以下两类：一是客户端与虚拟桌面直接通信，如果学生禁用了虚拟桌面内的本地连接，则虚拟桌面连接会被断开，学生无桌面可用；二是客户端与服务器通信，如果学生禁用了虚拟桌面内的本地连接，只能造成虚拟桌面不能连接局域网，桌面可继续使用。

5.3.11.2 无存储的高可用性（HA）

云桌面系统具有高可用性，它通过在多个节点上分布虚拟桌面，可以保证在某个节点发生故障时，其他节点可以继续提供服务。这种高可用性设计可以为用户提供更加稳定的服务，保障工作的连续性和效率。此外，数据备份和恢复功能也确保了数据的安全性。HA功能一般有以下两种情况：一是需要共享存储的支持，传统的HA功能需要独立的磁盘阵列存储设备；二是需要分布式存储的支持，虽然分布式存储无需独立的存储设备，但是需要数量较多的硬盘数量以及极好的网络环境（一般是万兆网络)；

5.3.11.3 视频重定向

视频重新定向：云桌面系统支持视频的重新定向，可以将视频流从服务器端重新定向到用户的设备上，从而减少服务器的负载并提高视频的播放效果。这种功能可以更好地满足用户对视频播放的需求。云桌面通常同时采用虚拟桌面内播放和视频重定向播放两种视频处理方式，尤其是视频重定向的播放，能兼容市面上大多数视频格式。一是在虚拟桌面内播放。

这种情况下，播放视频会大量消耗管理端服务器CPU、内存等硬件资源，导致播放画面不太流畅。二是视频重定向播放。将视频流数据重定向到用户终端本地进行播放，不会过度占用管理端服务器硬件资源，改由用户终端设备各自进行解码和渲染，即使大规模并发播放也能保持视频画面流畅。

云桌面系统支持设备的重定向，可以将用户设备上的输入和输出重定向到服务器端进行处理，从而保证用户设备的正常工作和保护用户的数据安全。这种功能可以提高系统的灵活性和安全性。云桌面不仅基本兼容各种USB外设，涵盖IC读卡器、全系打印机、多功能电子白板、移动硬盘、加密狗等，还能支持终端（PC）的内置光驱。

5.3.11.4 桌面重定向

桌面重定向：云桌面系统支持桌面的重定向，可以将用户的输入和操作重定向到服务器端进行处理，从而保证虚拟桌面的稳定性和安全性。这种功能可以提高系统的可靠性和稳定性。云桌面系统在处理屏幕广播时有两种方式：一种是直接在虚拟桌面内进行屏幕广播，另一种是利用重定向技术将屏幕广播从虚拟桌面重定向到本地系统进行播放。

第一种方式是在虚拟桌面内安装多媒体教学软件的学生端，并将屏幕广播的画面在虚拟机内播放出来。这种方式的优点是简单直接，但可能会对管理端服务器和网络造成一定的压力，可能会出现用户卡顿。

第二种方式是利用重定向技术将屏幕广播从虚拟桌面重定向到本地系统进行播放。这种方式可以分散终端的处理压力，避免对服务器和网络的过度依赖，从而提高了系统的可用性和稳定性，提供更加流畅和高效的体验。

5.3.12 云桌面带来的价值

5.3.12.1 提高资源利用效率

通过虚拟云桌面技术，高校图书馆可以更有效地管理和分配资源。所有的电子资源都可以集中管理，并且可以在多个用户之间共享。这意味着即使在需求高峰期，图书馆也可以确保资源的充足供应，而无需增加硬件投入。此外，通过动态分配资源，图书馆可以在需要时迅速应对突发的服务需求。

5.3.12.2 提升用户体验

虚拟云桌面可以为学生和教师提供更加便捷、个性化的服务。用户可以在任何时间、任何地点通过虚拟桌面访问图书馆的电子资源，这大大提高了使用的灵活性和便利性。此外，通过AI技术进行智能推荐和个性化服务，可以提高用户满意度。

5.3.12.3 数据安全性和备份

虚拟云桌面技术可以提供强大的数据安全性和备份功能。所有的数据都存储在服务器上，而不是用户设备上，这减少了数据丢失的风险。同时，服务器可以定期进行备份和维护，确保数据的安全性和完整性。

5.3.12.4 节能减排

虚拟云桌面技术有助于节能减排[20]。由于所有的计算都在服务器上进行，用户设备只需要显示结果，这大大降低了能源消耗。这种集中式计算的方式也有助于减少硬件设备的废弃和处理问题[21]。

5.3.12.5 灵活的访问方式

虚拟云桌面允许用户通过各种设备（如笔记本电脑、平板电脑、智能手机等）访问电子资源，这大大提高了使用的灵活性和便利性。无论用户身在何处，只要有网络连接，他们都可以访问图书馆的资源。

5.3.12.6 支持移动学习

随着移动设备的普及，学生们越来越需要在移动设备上访问学习资源。虚拟云桌面技术可以提供移动设备支持，使学生可以在任何时间、任何地点进行学习。

5.3.12.7 提高IT管理效率

对于图书馆管理者来说，虚拟云桌面技术可以大大提高IT管理的效率。所有的电子资源都集中在服务器上管理，这意味着图书馆管理者可以更轻松地维护和更新资源。此外，由于所有的数据都存储在服务器上，图书馆管理者也可以方便地进行数据管理和备份。

5.3.12.8 提供 7×24 小时的服务

由于虚拟云桌面的灵活性，图书馆可以为学生和教师提供 7×24 小时的服务。无论何时何地，只要有网络连接，用户都可以访问图书馆的电子资源。这大大提高了图书馆的服务质量和用户满意度。

5.3.12.9 支持远程学习和在线教育

虚拟云桌面技术可以支持远程学习和在线教育。即使在疫情期间，学生也可以通过虚拟云桌面访问图书馆的电子资源，进行在线检索和学习研究。这对于支持远程学习和在线教育非常重要。

5.3.12.10 提高教学效率

教师可以通过虚拟云桌面技术更方便地准备和分发教学资料，同时也可以更有效地与学生进行互动和协作。例如，教师可以让学生在虚拟桌面上直接编辑和提交作业，这大大提高了教学效率。

总的来说，虚拟云桌面技术在高校图书馆中的应用可以带来多种优势和价值，包括提高资源利用效率、提升用户体验、保障数据安全、节能减排、灵活的访问方式、支持移动学习、提高 IT 管理效率、提供 7×24 小时的服务、支持远程学习和在线教育以及提高教学效率等。这些技术可以为学生和教师提供更好的学习和教学体验，同时可以提高图书馆的管理和服务水平。

5.4 云桌面系统应用要点

在高校图书馆实际应用云桌面系统时，需要考虑以下一些注意事项，以确保系统的顺利运行和满足业务开展和读者需求：

（1）带宽和网络稳定性：确保高校图书馆的网络带宽足够支持云桌面系统的高负载需求[22]；维护网络的稳定性和可用性，以保证学生和教职员工能够随时访问云桌面。

（2）数据隐私和安全：确保存储在云桌面中的敏感数据得到充分的隐

私保护，采取加密和身份验证措施；遵守教育行业和数据隐私法规，确保学生和教职员工的数据得到妥善处理；定期审查和更新政策，以适应法规的变化。

（3）软件授权和许可：确保所使用的软件具有合法的许可证，以避免侵权问题；跟踪和管理软件许可证，以确保不会超出授权范围。

（4）灾难恢复和备份：建立灾难恢复计划，以应对系统故障或数据丢失的情况；定期备份云桌面系统中的数据，确保数据的安全性和可恢复性[23-24]。

（5）成本管理：管理云桌面系统的成本，包括云服务费用、软件许可、维护和支持；定期评估成本，并寻找降低成本的方法，同时提高效率[25]。

（6）用户支持：提供在线和现场支持，以解决用户可能遇到的问题和故障；设立支持中心，以及时响应用户需求[26-27]。

（7）监控和性能优化：部署监控工具，以实时监测系统的性能和运行状态；基于监控数据进行性能优化，及时调整资源分配和系统配置。

综合考虑这些注意事项将有助于确保云桌面系统在高校图书馆的实际应用中提供高效、安全和可靠的服务，满足学术和管理需求。同时，持续监测和改进系统以适应变化的需求和技术。

本章参考文献：

[1]钟远薪.图书馆云桌面应用浅识[J].图书馆论坛，2014(6)：106—111.

[2]胡静，蒋翔.IDV模式云桌面在高校图书馆中的应用探索：以宁波大学图书馆为例[J].网络安全技术与应用，2018(6)：80—81.

[3]郑如冰，郑翔.虚拟云桌面技术在高校图书馆智慧服务中的运用[J].长江信息通信，2022(12)：96—98.

[4]戴丽娜，魏评.云桌面在高职院校图书馆的应用浅析[J].电脑知识与技术，2016(5)：18—19.

[5]王苑,杨昌辉.桌面云在高校图书馆的应用分析[J].合肥工业大学学报(社会科学版),2016(1):133—139.

[6]李艳,吕鹏,李珑.虚拟云桌面为高校图书馆服务和管理带来的革新:以中南民族大学图书馆为例[J].现代情报,2015(6):58—63.

[7]丁杨.图书馆电子阅览室云桌面的建设及应用[J].中华医学图书情报杂志,2019(3):73—75.

[8]付婷波.基于VMwaer View图书馆桌面云的设计与实现[J].图书馆理论与实践,2014(6):96—98.

[9]郑翔,黄晓慧,郑如冰.基于云桌面技术在图书馆电子阅览室中的必要性研究:以福州工商学院图书馆为例[J].电子元器件与信息技术,2022(11):80—83,200.

[10]张媛.云时代图书馆桌面虚拟化带来的管理技术变革[J].新世纪图书馆,2013(4):67—69.

[11]孙培燕,张玉梅.云计算技术在图书馆中的应用[J].情报科学,2011(4):552—554,574.

[12]高燕琼.国内高校图书馆桌面云平台建设探析[J].四川图书馆学报,2016(3):20—22.

[13]鲍静,宁一丁.云桌面技术在公共图书馆读者用机管理中的应用:以安徽省图书馆电子阅览服务升级项目为例[J].河南图书馆学刊,2021(10):32—35.

[14]李镇伟.基于桌面云技术的电子阅览室升级初探[J].图书馆工作与研究,2013(9):45—47.

[15]胡伦,高云.桌面虚拟化在高校图书馆管理与服务中的应用[J].宁波工程学院学报,2016(3):24—27.

[16]成静静.基于虚拟化的云桌面技术方案研究与设计[J].广东通信技术,2011(6):36—39.

[17]黄承红.桌面虚拟化在图书馆管理与服务中的应用[J].图书馆学刊,2012(6):122—124.

[18]李镇伟.基于Thinstation的图书馆桌面云终端系统构建[J].情报探索,2013(9):98—100.

[19]王明春.虚拟化桌面云技术在数字图书馆中的应用研究[J].河北科技图苑,2017(6):69—72.

[20]王华伟.云计算技术在数字图书馆中的应用初探[J].情报理论与实践,2011(8):106—108.

[21]陈钟彬.IPC桌面云技术与高校图书馆学科化服务平台建设[J].兰台世界,2014(29):94—95.

[22]钟智.VMware View虚拟化桌面云在图书馆的应用[J].图书馆界,2015(5):84—87.

[23]陈国刚.桌面虚拟化技术在图书馆的应用[J].情报探索,2013(6):86—88.

[24]冯磊.浅谈桌面虚拟化技术在图书馆中的应用前景[J].晋图学刊,2011(1):38—40,44.

[25]施航海.应用型本科图书馆桌面虚拟化设计与成本预算[J].甘肃科技纵横,2013(7):45—48.

[26]孙小平.高校图书馆桌面云服务[J].农业图书情报学刊,2018(3):162—165.

[27]侯嘉宝,段一明,耿梅清.图书馆推广云桌面过程中遇到的困难及解决办法[J].大众标准化,2020(23):231—232.

6 智能微录播系统

智能微录播系统是高校图书馆实现教学资源的录制、编辑、存储和点播，提供在线直播、点播、回放等功能，方便师生进行教学资源的共享和交流，提高教学质量和资源利用效率的必备系统。

6.1 微录播系统应用背景

在现今高校教育技术的快速发展环境中，传统的教育方式已经愈难适配现在的高校教学模式[1]，包括高校图书馆信息素养教育、阅读分享、讲座培训等各类课程和活动的开展。随着互联网技术发展，需要通过慕课、微课、直播等用网络形式实现传播教学、活动视频，达到教育教学目的，尤其在疫情管控等特殊时期，对智能录播系统需求非常迫切，因其具备普通教室和传统录播系统无法比拟的优势：

（1）支持远程教学。由于疫情的影响，很多高校采用了在线教学的方式，而录播系统可以提供一种稳定的教学方式，让学生可以在家中完成学业。同时，录播系统还可以支持多个地区的学生在同一天进行线上课程，实现教育资源的共享[2]。

（2）保证教学质量。通过录播系统，教师可以深入地反思自己的教学方式和效果，并做出相应的调整，也便于教学督导及评价[3]。此外，录播系统还可以为学生提供更多的自主学习资源，帮助他们更好地掌握知识。

（3）方便教师备课。教师需要在家中进行备课，而录播系统可以为教师提供大量的教学资源和素材，方便教师进行备课。同时，录播系统还可以为教师提供多种教学工具和功能，提高备课效率和质量。

（4）促进教学资源共享。教学资源共享建设是高校教学改革的基础，很多高校间的教学资源出现了闲置和浪费的情况，而通过录播系统，可以将这些教学资源进行共享和利用，促进教学资源的互惠互利[4]。

（5）支持教学研究。高校教师可以利用录播系统记录自己的教学过程，并进行反思和总结。这有助于推动教学经验的积累和推广，促进教学质量的提高。同时，录播系统还可以为教育研究提供大量的教学案例和数据，为教学理论的发展和实践提供支持[5]。

（6）提高教学效率。录播系统可以帮助教师快速录制自己的授课内容，供后续学生进行学习，从而节省教师的时间和精力。同时，录播系统还可以提供多种语言和字幕选择，方便不同国家和地区的学生进行学习。

目前传统的智慧教室不仅建设方案相对复杂，需要搭建视频服务器、视频编码器、混音器、功放等众多设备，布线及设备安装繁琐，工程实施难度较高，建设成本投入较大；而智能微录播教室是指在原来普通的多媒体教室（包括独立控制与网络远程控制的多媒体教室）基础上增加一定的扩展功能后形成的一种小规模综合应用模式的教室，可满足日常课程录制与教学资源分享的需求：单间录播室配备1台录播主机、1台数字信号摄像机，用于采集1路老师视频、多路VGA信号和音频信号，即可实现老师画面、PPT画面共2路画面的导播切换；系统将日常授课场景录制为内容全面的视频课件，可进行本地预览，也可通过网络面向学生提供课程直播与点播服务；相对于专业的精品录播教室的建设，成本更低，使用率更高更简单，并能兼容已有的多媒体资源，以此实现教学资源最大共享化应用。

6.2 微录播系统应用原则

为确保微录播系统建成后能够满足高校图书馆的实际需求，提高教学效果和教学质量，该系统在应用过程中应遵循以下一些原则：

（1）低成本：系统设计应充分考虑兼容其他设备系统的接入，如网络、摄像头、计算机、显示设备，以降低成本[6]。

（2）先进性：遵循国际标准和国内外有关的规范要求；保证该系统在未来3年的领先地位；符合计算机、网络通讯技术和视频会议技术的最新发展潮流，并且是应用成熟的系统[7]；录播系统要有1080 P及以上高清直播及录制，要与时俱进，全面利用网络资源，给领导、教师及学生带来视觉上的享受，充分展示教学的每个细节[8]。

（3）实用性：针对用户实际应用的特点，系统应具有多种软硬件的管理方式，便利的图形管理界面；该套录播系统设计应符合工程的实际需要；系统配置既强调先进性也要注重实用性，系统配置的经济效益，达到综合平衡；根据实际需要进行部分系统功能的适度定制开发；系统操作简洁方便，实现一键式的切换操作。

（4）可扩展性：录播系统设计要考虑今后网络的发展，软硬件必须留有充分的扩充余地，节省二次投资费用[9]；考虑设备的升级实现与其他系统的互联，比如与培训中心或者学习中心点播平台的无缝对接；系统能兼容目前所有网络设备的协议，并具备信息流传输的低延时。

（5）高可靠性：具备在规定条件和时间内满足用户对系统功能的要求，能长期稳定地工作；系统启动快，系统掉电后再来电或网络传输中断后再恢复正常，系统恢复工作迅速[10]；故障率低，维护维修方便。

6.3 微录播系统应用方案

本方案应从高校图书馆的实际需求出发，结合馆内外教师讲课的特点，充分考虑整体普及化建设成本，利用自身在视频图像采集、处理以及分析方面的优势，通常需要具备低功耗设计、嵌入式设计以及HTML5/FLV流媒体等技术特点的低成本微录播系统，可实现均衡教学资源的大范围普及推广。

6.3.1 低能耗设计

（1）低功耗设计：选择使用低功耗处理器，如ARM Cortex-M系列，或者基于低功耗架构设计的处理器。

（2）优化电源管理：采用功耗管理芯片以降低系统功耗，并结合睡眠模式、动态电压调节等技术来降低整体系统功耗。

（3）优化软件设计：通过优化代码、减少不必要的计算或传输等方式降低系统能耗。

6.3.2 嵌入式设计

（1）嵌入式技术：选择适当的嵌入式操作系统，根据系统需求选择合适的嵌入式操作系统，如FreeRTOS、MC/OS等，以实现系统的稳定运行和低功耗设计。

（2）硬件设计和优化：设计紧凑、高效的硬件结构，选择合适的嵌入式处理器、存储器等，以保证系统的高效运行和低功耗。

（3）优化系统架构：采用模块化设计、系统级集成等方式，提高系统的整体性能和可维护性。

6.3.3 HTML5/FLV流媒体

（1）HTML5/FLV流媒体技术：使用HTML5技术，利用HTML5的视频播放器和多媒体功能，实现视频的播放和录制功能。

（2）集成FLV流媒体技术：利用FLV流媒体技术实现实时的视频传输和播放，提供流畅的视频体验。

（3）优化网络传输：采用合适的网络传输协议，如HTTP Live Streaming （HLS）、RTMP等，以保证视频流的稳定传输和高质量播放体验。

（4）三维图形及特效（Class：3D，Graphics & Effects）：采用基于Canvas、SVG、WebGL及CSS3的3D图像功能，可以在浏览器中呈现出惊人视觉效果。

（5）浏览器兼容：HTML5不仅支持Windows微软类操作系统、Mac OS苹果操作系统，还兼容Internet Explorer、Safari及Chrome多种浏览器。在设计微录播系统时综合考虑HTML5及flash的各自功能特点，课程直播可基于flash技术进行，课程点播则基于HTML5进行课。

6.3.4 系统应具备的主要功能

6.3.4.1 一体化常态教学

智能微录播系统支持基于高清视频信号+VGA信号的多画面同步采集和编码。

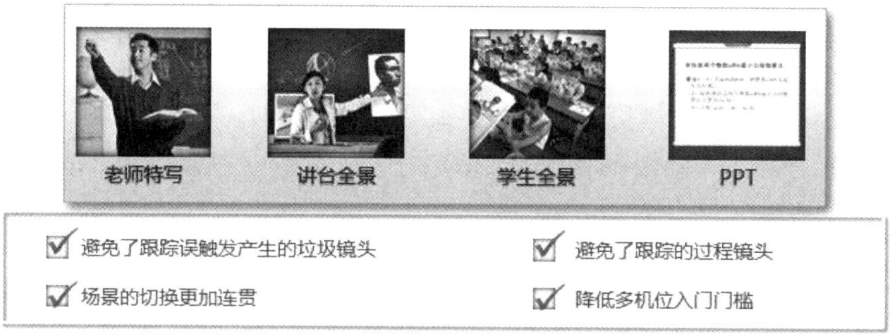

图6-1　一体化常态教学

6.3.4.2 多用户分级权限管控

微录播系统最少支持两位用户：管理员用户admin和普通用户guest。系统通过配套导播台管理员用户账号接收和观看多路视频直播，另一位普通用户账号接收和观看一路即老师特写的视频直播。

6.3.4.3 高清体验本地预览

提供高分辨率的视频本地预览功能，以确保用户可以清晰地查看即将录制或已录制的内容。支持高清视频格式，如720 P、1080 P等，提供清晰的图像和视频质量。

6.3.4.4 适应各种网络环境的多功能录制调节

用户可通过系统导播台设置不同网络环境来调节视频录制的码率：根据当前网络状况和带宽情况，自动调节录制质量，确保视频录制的稳定性和流畅性。

支持多种录制模式：提供多种录制模式选择，包括标清、高清等，以满足不同用户对视频质量的需求。

6.3.4.5 一键操作全面管控

录播系统支持Web访问、导播台、专业版媒体中心、控制面板按键、媒体控制主机和第三方中控设备的管理和控制。系统的Web界面可查看视频的输入、输出信息，VGA微调，配置跟踪系统、中控及FTP服务等。系统配套导播台，可设置视频画面的切换、全屏和合成，添加logo和字幕，摄像头云台控制及预置位的设置与调用。录播系统配套媒体控制主机通过控制面板，控制录播系统的录制、暂停和停止，导播台视频画面的切换和预监。

6.3.4.6 USB高速拷贝

支持高速USB数据传输：通过USB接口实现高速数据传输，提高文件传输的效率和速度。提供便捷的文件导出功能：支持快速将录制的视频文件导出到USB存储设备，方便用户在其他设备上播放和分享。

6.3.4.7 移动终端多媒体发布

配置专业版媒体中心发布平台，采用HTML5资源共享技术，支持基于Android、iOS的移动终端进行资源发布（iOS操作系统的移动终端只可进行点播）。

6.3.4.8 PPT图片/文字/微课索引

系统支持的图像检测技术可为录制的视频文件生成和添加图片索引和文字索引，通过索引帧迅速、准确地对文件进行定位，满足高校师生快速搜索和点播内容的需求。并可根据教师上传的课件内容自动生成图片索引，点击该PPT内容即可跳转到当页PPT内容的授课视频时间段。支持具有相应权限的各类用户，登录到系统平台后，可以对点播的视频中关键知识进行标注索引，在播放时，直接点击，视频会直接跳转到对应知识的时间，系统可以对视频资源中的所有知识点进行全局检索和查询。

6.3.4.9 双码流双模式同步录制

支持双码流录制：同时录制不同分辨率或不同码率的两路视频流，以满足不同平台或设备对视频格式的需求。

支持双模式同步录制：允许用户同时录制多种视频模式，如全屏录制和画中画模式录制，以满足不同录制场景的需求。

微录播系统录制文件为MP4格式，支持同时录制电影模式高码流和低码流、资源模式文件录制。高码流文件用于高质量文件保存，低码流文件用于移动终端或低带宽环境下的直播和点播。

6.3.5 微录播系统组成

6.3.5.1 微录播主机

微录播主机可提供前端教学视频资源的生成及后端视频资源的发布和应用。支持多路SDI信号：分别为老师特写、讲台全景、学生全景和VGA视频信号显示。

配套导播台、内置自动跟踪系统进行对老师进行跟踪、定位。支持导播台直播、专业版媒体中心直播和点播；支持移入音频处理主机和媒体控制主机。

微录播主机通常具备以下功能：

（1）4画面（3路高清视频信号+1路VGA信号）的同步采集、编码；1路HDMI高清输出预览。

（2）生成MP4视频文件，同时录制电影模式高码流和低码流、资源模式画面。

（3）支持Web、导播台、专业版媒体中心、前面板按键、媒体控制主机和第三方中控设备的管理和控制。

（4）支持三机位（老师特写、学生全景、讲台全景）自动跟踪。

（5）支持USB高速下载。

（6）Web界面的管理：显示视频的输入、输出信息，查看系统信息，支持VGA微调；通过Web方式查看、搜索、修改备注、下载和删除录制文件。Web页面调用FTP下载工具可批量下载录制文件；配置跟踪系统、中控、FTP服务等。

（7）配套导播台采集、编码、录制：可切换每路画面的显示顺序，也可将任意1路画面全屏显示，以便清晰地查看和录制画面；当合成画面由多路画面组合而成时，可设置窗口布局方式及合成的路数；录制电影模式高码流和低码流、资源模式画面，可根据不同的网络环境调节视频录制的码率。

（8）支持多个等级的码率设置，最大码率2000 MB/h、最小码率300 MB/h。支持视频画面上添加字幕和Logo图片；支持摄像头云台控制，可依据低速、中速、高速上下左右移动摄像头，并能调节摄像头的焦距；支持设置摄像头预置位，快速调用摄像头的理想拍摄位置。

6.3.5.2 导播控制键盘

导播控制键盘一般可实现全景控制、多路高清图像实时预监和电影模式导播切换的功能。导播控制键盘大多采用工业外观设计，金属外壳，防磨加硬表面处理，外观高档美观；采用USB 2.0或3.0接口与电脑连接，免驱动安装，配置有六轴操纵杆，操纵杆可实现云台控制、镜头变焦和导播切换功能；按键采用橡胶与微动组合方式，使用寿命可达百万次。

导播控制键盘通常具备以下功能：

（1）免驱动安装：导播控制键盘采用USB接口与电脑连接，不须安装驱动，即插即用。

（2）全方向操纵：导播控制键盘可以对摄像机实行上、下、左、右、左上、左下、右上和右下等多方向操作。

（3）导播切换和控制：可连接多路高清图像，最高支持6路高清图像导播控制，用户可以从6路高清图像中选取任一路进行导播切换。

（4）导播模式切换：支持手动导播、自动导播和半自动导播的自由切换功能。如果未配置自动跟踪设备，请将导播模式切换到手动导播模式，通过手动控制实现摄像头的移动和调整。如果配置自动跟踪设备，系统将自动调用自动跟踪系统中已设置的预置位。

（5）多画面合成：支持设置输出视频的多画面合成，包括对输出视频画面数以及画面布局的设置。

6.3.5.3 高清摄像机

高清摄像机是一种专业摄像设备，用于捕捉高质量的视频图像，并通常用于录制会议、培训、讲座、演讲等内容。它的高清图像质量能够提供清晰、生动的视觉体验，适用于各种专业视频制作和录播场景。它一般采用有效像素不低于200万的HD CMOS成像芯片，可实现最大1920×1080高分辨率的优质图像，输出帧频可达到60 fps。设计采用直流电机，其云台转动非常平稳、敏捷快速、低噪安静。它通常采用广角镜头，水平视角不低于65度，可进行较宽角度的图像捕捉。其镜头具有10倍以上的数字变焦和光学变焦。因而可具备强大变焦能力，并可进行快速稳定的自动聚焦。可提供从标清到1080 P的全高清视频信号，还提供高清数字HD-SDI接口，用于远距离、高质量的超清图像传输。此外，它还提供RS-232C标准接口，可进行高速通信控制。

高清摄像机通常具备以下功能：

（1）支持H.265编码的会议视频摄像机，可实现全高清1080 P/60超低带宽传输。

（2）高分辨率视频录制能力：支持至少1080 P或更高分辨率的视频录制，以捕捉细节丰富的高清画面。

（3）自动对焦和光学变焦功能：能够自动调整焦距并保持清晰画面，同时提供光学变焦功能以捕捉远近景物体。

（4）高灵敏度图像传感器：具备高灵敏度图像传感器，以确保在各种光线条件下都能获得清晰、明亮的图像。

（5）稳定的图像防抖技术：提供有效的图像防抖功能，减少由摄像机抖动引起的画面模糊或不清晰现象。

（6）多种连接接口：包括HDMI、USB、以太网等多种接口，以便连接到不同类型的设备或网络进行视频传输和数据交换。

（7）远程控制能力：支持远程控制和调整摄像机参数，方便用户在远程环境下对摄像机进行控制和操作。

（8）多种拍摄模式：提供多种拍摄模式，如全景模式、跟踪模式等，以满足不同场景下的视频录制需求。

（9）高帧率录制功能：支持高帧率的视频录制，以捕捉快速移动的物体并提供流畅的视频播放效果。

（10）通过提供以上功能，录播系统中的高清摄像机能够满足用户对高质量视频录制和播放的需求，提供出色的视频制作和直播体验。

6.3.5.4 教育云资源管理平台

教育云资源管理平台为录播设备提供了统一的资源发布及设备管理平台，适用于大规模使用录播设备，及视频资源大规模发布的场景，一般具有录播设备、用户管理、音视频资源管理、教学教研管理、流媒体发布管理等功能。

教育云资源管理平台主要包括前端web门户模块，后端管理平台模块，直播模块，点播模块等，其平台结构如下图所示：

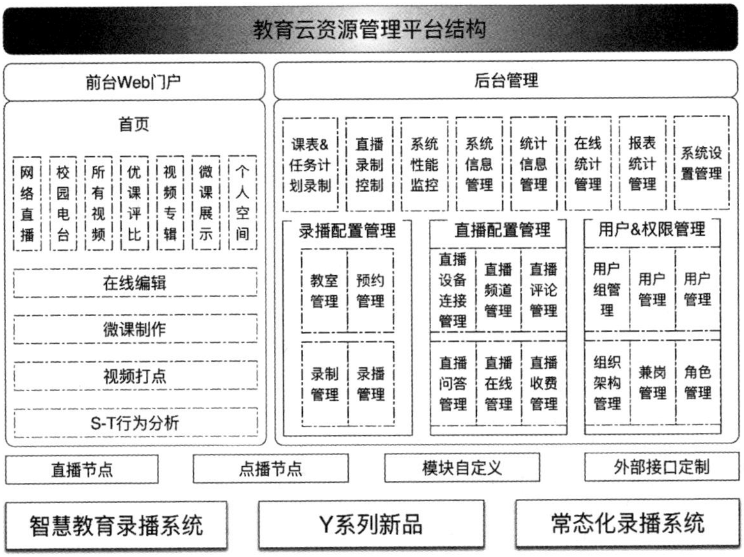

图6-2 教育云资源管理平台结构

前端web门户模块的主要功能是给师生用户提供统一的资源展示和访问界面。后端管理平台模块实现用户权限管理、录播或直播配置、课程任务计划管理、系统信息管理、数据统计和分析和控制录播设备、在线交流和媒体资源等功能，是教育云资源管理平台的核心模块。点播节点模块和直播节点模块是实现接收点播或直播时的流媒体功能。

下面介绍教育云资源管理平台的子模块详细功能。

（1）音视频资源发布模块通常具备的功能有：

①基于IP网络发布音视频资源。

②支持自动发布和审核发布两种发布策略。

③审核发布功能支持自动邮件通知。进入审核时，系统自动发邮件通知审核者，审核者审核通过后，系统自动发邮件通知音视频资源的录制人员。

④支持无缝融合Blackboard等LMS系统，音视频资源可发布到Blackboard和第三方平台。

⑤支持资源模式、电影模式或资源模式+电影模式的高清和标清视频的点播、直播和下载功能。

⑥支持音视频资源检索功能，用户可通过关键字搜索音视频资源。

⑦通过扩展，最大可支持10000个以上用户进行直播或点播。

⑧基于Web方式发布音视频资源，用户可通过Windows系统或Mac系统中的多款浏览器（IE、Safari、Chrome、Firefox等）获取音视频资源。

⑨支持基于HTML5进行点播，从而让用户可通过移动设备进行点播。

（2）教学资源管理模块通常具备的功能有：

①所有授权用户都可以上传课堂教学配套资源文档，如Word、PPT、excel、pdf等。

②任意到平台访问的用户都可在资源中心自由搜索下载所需资源文档。

③所有教学资源支持按照学科、版本、学段、年级等不同方式进行筛选查找。

④下载最多的资源文档将在下载排行中按照由多到少的顺序自动排列。

(3) 文库管理中心模块通常具备的功能有：

①具有独立的文库管理中心功能，支持接入教育云资源管理平台，实现一键登录。

②支持所有用户进行文档的上传，支持上传的文档格式包含word、PPT、excel、pdf等主流格式文件。

③文档中心的资源支持按照下载量、浏览量、最新发布等方式进行自动排行。

④所有上传到文档中心的资源都支持在线阅读，并支持自由调整阅读文档的显示倍数。

⑤所有文档中心的文档资源都支持下载功能。

(4) 用户和权限管理模块通常具备的功能有：

①支持大规模的用户连接。

②支持用户管理，用户级别包括管理员用户、一般用户、非注册用户等。不同的用户拥有不同的权限。

③支持用户组管理，不同的用户组可设置不同的权限。

④支持用户审核功能。某个用户通过教育云资源管理平台的首页注册账号后，管理员可对该用户进行审核。

⑤支持通过一键批量导入用户进行批量注册和批量审核。

⑥支持通过名师管理，设置名师信息和推送分享名师。

(5) 录播设备管理模块通常具备的功能有：

①支持管理智慧教育录播系统、常态化微录播系统。

②支持标准的RTMP和RTSP协议，对于接入第三方支持标准推、拉流协议的设备，实现远程直播

③支持监控录播设备的连接状态，连接异常时产生告警。

④支持对录播设备进行资源分配，灵活地为每个录制房间分配一个通道的录制资源。

⑤支持控制录播设备，如启动录制、暂停/恢复录制、停止录制等。

⑥启动录制包括手动录制和预约录制两种方式，预约录制可以实现定时自动启动录制和自动停止录制。通过导入课表（excel）可实现批量预约录制，通过制定任务计划可实现定时、每天、每周、每月预约录制。

⑦支持对接入设备进行电影模式、资源模式、电影模式+资源模式不同方式的组合录制或直播功能

（6）音视频资源存储与管理模块通常具备的功能有：

①支持iSCSI网络存储（IP SAN）。

②管理员对媒体中心上的音视频资源可以进行分类管理，发布管理，文件的属性描述的修改等。

③用户可对录制的音视频文件进行在线编辑

④用户可对录制的音视频文件进行在线微课制作和知识点编辑

⑤视频文件通过授权后，用户可以下载音视频文件，并可根据上传的类型下载高标清或电影模式、资源模式音视频文件。用户还可到首页获取专用下载软件，或通过第三方下载工具下载。

⑥支持手动导入录播系统录制的文件。

⑦支持上传第三方视频，进行在线转码并发布。支持的第三方视频格式包括mp4、asf、wmv、mp、mov、gp、mpg、ts、avi、mkv、flv、vob等，不支持rmvb、rm等格式。

⑧所有的音视频文件都支持二维码分享功能，分享模式支持PC端、移动端和点播视频代码等方式。

（7）告警模块通常具备的功能有：

当出现录播服务器连接失败、无音频信号输入等情况时，教育云资源管理平台支持实时生成告警信息，通过系统定义连接状态的红色或绿色指示灯即可判断系统是否在线。

（8）课表管理模块通常具备的功能有：

教育云资源管理平台可通过后台设计本学期课表，时间可精确到分秒，接入的录播服务器在使用时可根据需求进行在线预约，能否预约通过

不同颜色进行标示，可预约任意时段使用，预约成功后，系统到了预约时间时自动开启录播录制功能或直播功能。

（9）打点模块通常具备的功能有：

①具有打点权限的用户进行点播时，可对点播文件进行打点操作。

②用户可在点播文件的任意位置进行打点操作。

③打点完成后，用户还可调整打点的时间点和修改打点的内容，用户单击打点可进入打点的时间点开始播放视频。

④用户可通过教育云资源管理平台首页的打点搜索功能搜索打点内容。

（10）优课管理模块通常具备的功能有：

①授予权限的用户可在个人空间发起优课评比功能。

②其他教师用户可选择是否加入该优课评比活动。

③所有的优课评审活动均由授权的专家角色才能进行在线评审。

④评审结束后的优课，将自动根据定义的规则，将得分排名靠前的自动进行前台展示

（11）名师讲堂模块通常具备的功能有：

①平台上所有名师在名师讲堂中都会被展示分享。

②入驻的名师支持按照不同方式进行分类，如学科、版本等。

③支持按照最新发布和播放最多方式进行自动排名。

④进入任意名师主页，可快速查阅该名师信息及相关课程数量和专辑数量。

⑤还支持查阅名师总的视频数量和被访问次数。

（12）课件评分和评论模块通常具备的功能有：

①用户可登录教育云资源管理平台的首页对课件进行评分和评论。

②支持多人评分和评论。

③用户可设置两级评估项，每个评估项可赋予评分权重。

④支持无需审核直接发布评论和需要审核发布评论两种评论发布方式。

⑤评分完成后，教育云资源管理平台自动计算分数，用户可通过后台管理模块导出分数列表。

（13）个性化的个人空间模块通常具备的功能有：

①个人空间是基于视频资源和资源文档的交互发布的场所。

②用户可以根据自己的需要，管理和维护自己感兴趣的课件。

③录制文件上传资源平台成功后，个人空间会自动显示自己录制的相关视频资源。

④用户可根据需求在个人空间预约录播使用时间，使录播利用过程更高效和协调。

⑤用户可在个人空间对自己上传的音视频文件进行在线编辑、打点、微课制作等。

⑥用户在个人空间可实现对收藏的音视频文件进行统一管理。

⑦用户可根据个人喜好在个人空间设置各种不同的类别的专辑。

⑧用户还可以在个人空间发起、参与、浏览优课评比活动。

⑨用户在个人空间还可以对个人信息的修改和更新等。

（14）首页内容模块通常具备的功能有：

管理员用户可在后台对前台首页Logo、滚动图片、视频水印、机构信息及机构简介等方面的统一管理和更新修改。

（15）远程管理模块通常具备的功能有：

录播系统接入教育云资源管理平台ECRP100后，在录播系统开机的情况下，支持对录播系统的远程管理功能，可实现远程重启、录播开始/停止、直播开始/停止等基本功能。

（16）连接预警模块通常具备的功能有：

接入教育云资源管理平台在连接失败的情况下，系统将通过红色标示进行提醒，方便用户进行判别。

（17）直播节点扩展模块通常具备的功能有：

教育云资源管理平台支持添加多个直播节点，实现直播能力扩展，满足大规模直播需求。

（18）数据统计模块通常具备的功能有：

教育云资源管理平台支持点播在线用户统计、直播在线用户数统计、点播用户数统计、资源播放排名等数据统计功能。

6.4 微录播系统应用要点

微录播系统在高校图书馆的应用可以提供高质量的学习资源和便捷的学习体验，但在此过程中需要着重考虑以下几个应用要点，以确保系统的有效运行和满足用户需求：

（1）技术设备和网络要求：确认学校或图书馆的网络基础设施是否足够强大，能够支持微录播系统的高带宽需求[11]；选购适当的录播设备，如摄像头、麦克风和视频编码器，以确保录播视频和音频的质量。

（2）支持和培训：为教师和学生提供培训，使他们能够顺利、有效地使用微录播系统[12]；提供现场技术支持，及时解决故障和问题。

（3）监控和维护：定期监控系统的性能和可用性，以确保录播设备和软件的正常运行；及时维护和升级系统，以应对潜在的各类安全漏洞和性能问题。

（4）数据备份和恢复：定期备份录播内容和系统数据，以防止数据丢失或文件损坏；建立灾难恢复计划，以应对系统故障或数据问题。

（5）用户反馈：收集前后端用户的反馈，以改进微录播系统的功能和用户体验[13]；认真考虑用户的实际需求和可行建议，以不断提高系统整体质量。

（6）课程设计：管理员和教师用户应该合理规划和设计录播课程，以确保内容的连贯性和可理解性；鼓励教师在录播课程中加入互动元素，以提高学生参与度[14]。

（7）资源管理：做好管理录播资源的存储和发布，确保它们的可用性和可访问性；考虑系统存储容量和成本，及时归档或删除不再需要的资源。

综合考虑这些注意事项，有助于确保微录播系统在高校图书馆的实际应用中提供高质量的教育资源和学习体验，同时保护数据隐私和遵守法规。

本章参考文献：

[1]康翔，李晓丹，林茵．高校影视英语视听说智慧云录播系统设计[J]．教育现代化，2019(53)：187—189.

[2]江婧婧，何晴，邵晶晶，等．特殊时期高校云录播系统设计与实践[J]．教育教学论坛，2020(53)：345—347.

[3]邹奕伦，马骏，范斌．教育信息化2.0视域下教室录播系统的创新驱动研究：基于南京大学的实操案例[J]．中国信息化，2021(10)：80—81.

[4]张彬，杜婉君，孙子强，等．多媒体录播系统在高校信息化教学中的应用研究[J]．软件，2022(10)：11—14.

[5]张莉．高校智慧教室的全自动录播系统[J]．南昌师范学院学报，2019(6)：14—16.

[6]段宁贵，陶福章，黄健伟．新形势下高校自动录播教室的建设与应用[J]．中国管理信息化，2017(7)：224—226.

[7]王中香，颜磊．基于海南大学制作视频资源的录播系统探究[J]．教育现代化，2016(20)：110—112.

[8]许卫东．开放大学高清录播系统的设计与实现[J]．教育教学论坛，2016(52)：262—263.

[9]徐素芳．高校数字化多功能录播室的构建[J]．中国教育信息化，2008(21)：56—58.

[10]张君阳．高校全自动高清录播系统设计方案[J]．数字技术与应用，2013(8)：121.

[11]宋建功，张冀中．高校课程录播系统需求差异性的研究[J]．中国电化教育，2011(7)：131—135.

[12]王德泽．高校录播教室的探索与研究：以宁波大红鹰学院为例[J].

电子技术与软件工程,2018(3):159.

[13]张菲菲.智能录播系统在高校移动学习中的应用探索[J].中国教育信息化,2014(6):74—76.

[14]邓博文.自主录播系统在高校课程改革中的应用研究:以中国石油大学为例[J].中国教育技术装备,2016(4):45—46.

7 智能门禁通道系统

智能门禁通道系统是实现进出高校图书馆人员的身份识别、流量控制和安全防范，提高图书馆的安全管理水平和读者的通行效率，维持读者秩序和内部安全的关键设备系统。

7.1 智能门禁通道系统应用背景

目前大部分高校图书馆实行藏、借、阅一体化的全方位开架服务模式，自动化门禁系统已经成为图书馆出入口的一种标配设施。而随着信息技术的快速发展，图书馆数据管理需求和读者服务要求的提升，传统的门禁系统已经无法满足现代图书馆的管理和安全需求，因此需要一种更加高效、智能的门禁系统来更好地解决以下一些问题：

（1）安全性需求：高校图书馆作为重要的学术资源中心和读者学习场所，保存着大量的书刊、古籍和资料以及公私财物，因此其安全问题一直备受关注[1]。传统的门禁系统通常采用条形码、刷卡或证件查验等方式进行身份认证，但这些方式存在一定的安全隐患，如条形码容易丢失或被复制，刷卡识卡不识人、易损坏[2]，证件查验流于形式等。而智能门禁系统采用更加先进的生物识别技术，如指纹识别[3]、面部识别[4]等，能够更加准确地识别进出人员的身份，有效防止非法入侵[5]，防止财物丢失[6]，提高图书馆的安全性。

（2）管理效率需求：高校图书馆每天要接待大量的读者和工作人员，尤其在高峰如果采用传统的人工管理方式，不仅效率低下，而且容易出现失误[7]。智能门禁系统能够实现自动化管理，进出人员使用面部、指纹等生物识别技术即可快速通过门禁，大大提高了进出管理的效率。同时，智能门禁系统还具备远程监控功能，管理员可以在远程对门禁系统进行监控和管理，提高了管理效率。

（3）采集数据需求：高校图书馆需要保障师生的安全，同时也要保障图书的安全。智能门禁系统能够记录进出人员的身份信息和进出时间，为图书馆的安全防范提供了更加可靠的保障。如果发生异常时间逗留及安全问题，系统可以及时自动提醒保安及管理员加强巡查，也可以后期通过查询门禁系统的记录，快速找到进出人员的身份和进出时间等信息，为解决问题提供更加可靠的依据[8]。

（4）整体形象需求：高校图书馆作为重要的学术场所和学习中心，代表着学校的形象和信息化水平。智能门禁系统的外观设计，能够与图书馆内部装饰风格相协调，提升图书馆的整体形象和信息化水平。

（5）数据统计分析：智能门禁系统可以记录进出图书馆的人员信息、时间等数据[9]，为图书馆的运行管理和数据分析提供了宝贵的参考依据[10]。管理员可以通过对门禁系统数据的分析，了解读者的阅读习惯、活动规律等信息[11]，优化图书馆的服务和资源分配，提高图书馆的运营效率和服务质量。

（6）提升读者体验：智能门禁系统为读者提供了便捷、高效的进出管理服务，减少了读者等待时间，提高了读者的满意度[12]。同时，通过生物识别技术等先进技术手段，可以增加进出的安全性，减少读者对安全的担忧，提升读者的体验感。

（7）扩展功能：智能门禁系统除了具备基础的安全和管理功能外，还可以通过扩展接口实现与其他系统的集成和联动。例如，与图书管理系统[13]、微信公众号[14]、校园卡系统[15]集成，实现读者证件、二维码、校园卡与门禁卡的互通；与保卫处监控系统联动，实现监控画面的实时调取和存储等功能。这些扩展功能可以提高图书馆的智能化水平，满足更多实际应用需求。

7.2 智能门禁通道系统应用原则

为确保高校图书馆智能门禁通道系统的有效运行和安全管理，该系统在应用时须遵循以下一些原则：

（1）安全性：门禁通道系统应该具有较高的安全性，能够有效地防止未经授权的人员进入图书馆，保护馆内藏书和设施不受损坏或盗窃。

（2）便利性：门禁通道系统应该尽可能方便读者进出馆，避免排队等待或繁琐的注册手续，提高读者的使用体验。

（3）灵活性：门禁通道系统应该具有一定的灵活性，能够根据图书馆的实际情况进行调整和管理，例如设置不同的权限等级或临时访问权限等。

（4）可靠性：门禁通道系统应该具有高可靠性[16]，保证系统运行的稳定性和正确性，避免因系统故障或数据错误带来的损失。

（5）经济性：门禁通道系统建设应该考虑经济性原则，尽量采用低成本、易维护的技术方案，降低图书馆的运营成本和维护难度。

（6）可扩展性：门禁通道系统应该具有一定的可扩展性，能够随着图书馆的发展需要进行升级或更换，以满足未来的需求变化。

7.3 智能门禁通道系统运行环境

图书馆门禁系统一般采用B/S模式，服务器数据库使用SQL SERVER最新版本，系统运行环境是微软操作系统NET.Framework 3.0或更高版本。

门禁闸机系统内部采用TCP/IP星型网络结构，由门禁闸机与门禁管理服务器构成内部子网，然后通过门禁管理服务器与以太网互联，采用TCP/IP协议与学校的学生管理数据库实现数据交互。

7.4 智能门禁通道系统拓扑结构

图书馆门禁闸机管理系统的硬件主要包括：人行通道闸机（翼门式闸机）、工控机、IC读卡器、二维码阅读器、人脸识别模块、网络交换机、数据服务器等。其系统结构如下图所示。

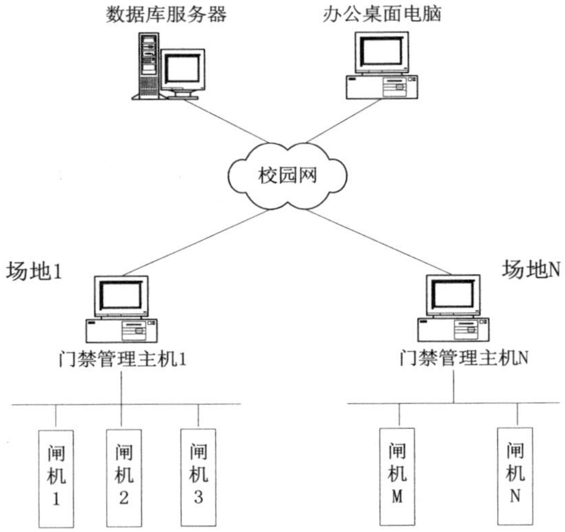

图 7-1　门禁系统拓扑结构

7.5 智能门禁通道系统主要功能

（1）支持分布式数据汇总和控制管理。图书馆门禁系统管理平台应能够支持基于TCP/IP园区网的分布式管理。针对学校图书馆分布在多个不同的物理地段，但网络在同一网段（校园网IP访问可达）的情形，系统管理平台应能够采用TCP/IP协议与学校公共数据库时间数据交互接，并能进行统一的系统控制管理和进出馆日志记录汇总和查询统计。

（2）支持学校“校园一卡通”和微信二维码对入馆人员的身份认证。读者进入图书馆的认证方式为采用“校园一卡通”刷卡认证或微信二维码电子券认证两种身份认证模式。图书馆门禁闸机管理系统需支持以下出入通道人员身份认证及数据对接。支持“校园一卡通”刷卡认证，图书馆门禁闸机管理系统应具有对接学校“校园一卡通”刷卡认证机具实现认证的技术能力和解决方案。支持二维码认证，认证二维码由高校的微信企业号和微信服务号提供，图书馆门禁闸机管理系统配置的扫码设备须实现扫描二维码认证。

（3）支持对读者的二次身份认证。图书馆门禁系统支持对接图书馆管理系统进行二次身份认证，认证的内容为判断“读者类型”（在学校图书馆服务范围内包括常规读者如教职工、研究生、本科生、成教生及短期和临时读者等），并能根据需要开通临时及短期读者进馆阅览，以此入馆服务的群体范围。

（4）支持生物特征识别。门禁通道系统可以采用人脸或指纹识别技术，通过对读者的面部特征或指纹进行识别认证，实现快速、准确地进出馆管理。

（5）支持实时监控。门禁通道系统可以采用实时监控技术，对图书馆的出入口进行实时监控，及时发现和处理异常情况。

（6）支持智能报警。门禁通道系统可以配备智能报警系统，当读者未授权进入馆内时，系统会自动发出警报，提醒管理员及时处理。

（7）支持数据分析功能。门禁通道系统可以对读者的进出馆行为进行分析和统计，为图书馆的管理提供数据支持，帮助图书馆更好地了解读者需求和行为趋势。

（8）平台控制功能。可以设定读者通过闸机后的闸门关闭时间；可以设定同一读者连续刷卡（或扫码）进馆需重新认证身份的间隔时间；可以对某一类型的全部或部分读者临时禁止其进出馆权限，解禁时刻一到即由系统自动恢复该类读者的正常进出馆权限；可以强制设定闸机开门（或落杆）成为无障碍通道，符合国家安防及消防要求。

（9）具备信息安全管理功能。图书馆门禁系统应具有出入日志数据信息的备份和重装功能；图书馆门禁系统应通过系统信息安全检测；无安全漏洞，无安全后门、无挂马程序；系统上线运行后不会对网络系统和其他应用系统造成安全危害；能够抵御安全渗透性攻击。

7.6 智能门禁通道系统主要组成

7.6.1 门禁闸机

高校图书馆门禁闸机一般采用扇门式或摆臂式闸机，闸机内置的主控模块采用工控机，与门禁管理服务器构成内部子网，并通过门禁管理服务器与以太网互联，通讯协议采用TCP/IP，门禁闸机内置非接触IC卡读写模块（也可采用条码读写模块或接触IC卡读写模块），感应距离是3—8厘米。门禁闸机通常具备以下性能：

（1）主控模块：门禁主控模块采用工业级控制主板，性能可靠，扩展性强、升级便利，能在恶劣的环境下稳定工作。主板支持酷睿多核CPU，支持双HDMI输出，并可同步异显输出，同时HDMI可以支持转接VGA输出接口，主板配置多个USB接口（USB 3.0或USB 2.0），2个RJ45千兆网卡接口，6个COM口全部支持RS232标准，Wi-Fi天线。

（2）多卡兼容：系统支持图书馆条码卡、IC非接卡、手机一卡通及二代身份证等，同时可以定制安装二维码读卡器、指纹仪及人脸识别仪等各种电子或生物识别设备。

（3）通讯方式：系统通信协议采用TCP/IP，通信速率达100 Mbps，可靠性高，稳定性好。

（4）灵活组网：支持485组网方式和纯IP组网方式，支持多校区、多场地使用。

（5）红外检测：闸机配置不少于8对高精度红外检测光头，产品性能稳定，抗干扰能力强，在光线直射和阴暗环境下都能正常工作。

（6）工作模式：系统可以单向刷卡，同时支持双向刷卡，可以自由通行或者禁止通行。

（7）无线遥控：在每组门禁通道中配置无线遥控器，当贵宾来图书馆参观时，保安按一下遥控器，把闸机扇门全部打开，待贵宾通过后，再按一下遥控器，闸机扇门全部关闭，系统恢复到正常刷卡模式。

（8）信息显示：可以动态显示图书馆的背景图片以及读者当前的通行信息。

（9）通行指示：闸机LED通行指示灯有绿灯和红灯两种，绿灯通行，红灯禁止。

（10）消防应急：闸机接到消防应急信号，闸门自动打开，可自由出入。

（11）降级运行：网络中断时，系统切换到本地校验模式。在网络正常后，脱机刷卡记录可以自动上传。

（12）防止逆行：当人员逆向闯入门禁闸机时，闸机会立刻发出报警声音，同时，指示灯变红色警示。

（13）防止夹伤：闸机在关门过程中，检测到有人员在通道内时，电机自动停止运行，同时发出声光报警，保护通行人员不受伤害，直到人员退出通道，扇门才会复位关闭。

（14）防止尾随：闸机可检测到尾随行为并发出声光报警，合法人员通过后扇门立即关闭，防止尾随人员进入。

（15）安防保障：闸机断电时扇门自动打开、使其变为无障碍通道，完全符合国家安防要求。

（16）信息统计：查询统计软件采用B/S架构，系统能够实时采集数据，产生详细进馆记录；能按校区、按读者部门、按读者类型、按时间做出相应的统计报表，以及综合性报表。

（17）软件对接：能与校园一卡通系统（新开普、新中新、正元、智慧电子、宝石等）或者图书馆集成管理系统（汇文、ILAS、金盘、清大息洋、大连网信等）进行无缝连接，数据实时更新。

（18）远程管理：系统可通过远程控制平台实现系统的远程控制、管理和维护。

（19）自动复位：系统具有自动复位功能，即通行人员刷卡成功后，在设定的通行时间内没有通过，系统自动取消本次通行，闸机恢复到原始状态。

表 7-1　闸机参考规格

项　目	描　述
闸机类型	扇门式或摆臂式闸机
主控模块	工业级控制计算机，简称“工控机”
外形尺寸	1200 mm（长）×300 mm（宽）×980 mm（高）
通道宽度	550 mm
壳体材料	国标1.5 mm优质304不锈钢
噪音指标	小于50 dB
验卡速度	小于0.2 s
有效通过时间	5~60秒（可根据实际情况设置）
通信速率	大于100 Mb/s
平均无故障次数	大于300万次
平均使用寿命	大于1000万次
最大通过率	60人/分钟
通行方式	支持单向和双向
开启时间	小于0.5 s
工作环境温度	-30°C~+65°C
工作环境湿度	5%~95% RH
工作电源	220 V AC±10%，50 Hz±4%

7.6.2 人脸识别终端

人脸识别终端是一款满足星光级监控需求，通过人脸识别技术控制速通门通行的终端设备。它把人脸识别技术完美地融合到速通门产品中，实现人员的精确控制，有效地杜绝了传统闸机存在的盗刷、代刷等问题。支持人脸识别、人证核验等多种识别模式。人脸识别终端具备全天候、高识别率、大库容、识别快等特点。人脸识别终端通常具备以下性能：

（1）适用于室内室外全天候场景，防水等级不低于IP65；自带遮光罩，具备隔热、遮眩光、防雨滴功能。

（2）使用前端识别模式，EMMC大容量前端存储模式，支持断点续传，满足在断网模式下不影响人脸速通门使用，保证数据不丢失。

（3）支持人脸识别、人证核验等多种识别模式，支持核验方式的定制扩展。

（4）支持通过指示灯显示人员核验状态；支持陌生人检测上报给管理平台，对陌生人进行分类管理。

（5）采用业内高端智能人脸识别、活体检验技术，识别率在99%以上，误识率小于1%；具备人脸活体检测功能，有效防止非法人员通过照片、视频等手段通行。

（6）分布式智能提取，提高人脸库初始化速度；支持网络串联，提高网络适应性和工程部署。

（7）统一运维管理，识别模块、闸机状态中心统一管理，运行状态远程呈现。

表7-2　识别终端参考规格

功能参数	描　述
人脸识别率	大于99%
人脸识别时间	小于200 ms
人脸库容	大于30000人
存储容量	大于64 GB
脱机记录数	大于10万条事件记录
常用核验方式	人脸白名单(1:N)
	人证、人卡核验(1:1)(外接读卡器)
人员管理	支持员工库的添加、更新、删除
陌生人管理	支持陌生人检测、陌生人信息上报

续 表

功能参数	描 述
记录管理	支持记录本地保存和实时上传
接口	100 M网络接口×2、韦根输出×1、韦根输入×2、串口×3、I/O输出×2、音频输入×1、音频输出×1
设备电源	12 V DC输入、5 V DC输出
屏幕比例	9∶16
摄像头	大于200万像素1080 P，自动对焦，适应140 cm~190 cm身高
补光灯	柔光罩：LED 柔光灯
指示灯	红色 绿色 白色
工作环境	-30°C~+70°C，<95%不凝露

7.6.3 人脸管理服务器

人脸管理服务器是专门针对人脸速通门而推出的服务器，它集成了员工管理、访客管理、权限管理、陌生人管理以及考勤统计等业务系统，并提供一体化的操作体验，具有高集成度、高可靠性、强兼容性等特点。人脸管理服务器通常具备以下性能：

（1）支持过人记录查看，陌生人分类管理和基础考勤查看。

（2）支持人员按部门分类并按部门下发给终端进行权限分配。

（3）支持对访客进行批量增、删、改、查和设置有效权限。

（4）支持按照时间权限模板灵活地分配人员时间权限 。

（5）支持按照区域对门组设备进行权限管理。

（6）支持按区人员签到统计。

（7）支持长期早来、长期晚走、多次未出等系列异常数据自动统计、提醒。

（8）支持访客统计、访客滞留统计。

（9）可拓展接入考勤门禁系统。

（10）支持区域、门组、通道管理（按区域、门组、通道增/删/改/查）。

（11）支持按通道绑定的设备下发权限。

（12）支持按时间模板配置权限。

（13）支持远程开门。

（14）支持对识别模块、闸机状态统一管理，呈现运行状态。

表7-3　人脸管理服务器参考规格

功能参数	描　述
内存	DDR3 ECC 8 GB
硬盘	1T SATA
接口	VGA×1；HDMI×1；COM×2；USB×4；千兆网口×2
工作环境	温度：5°C~40°C 湿度：20%~80%（无冷凝）
系统与环境	CentOS 6.2
最大白名单库	10万
过人结构化数据保存数	300万条（1 T硬盘）
过人图片保存数	300万（1 T硬盘）
访问并发量	支持最多20个客户端访问
支持终端数	64路
出入记录	支持查看过人记录
陌生人管理	支持陌生人信息查看、分类和手动转为员工库、访客库
考勤统计	支持查看、导出员工考勤数据
部门管理	支持部门的增、删、改、查（最多支持7级部门）
员工管理	支持在员工库中进行员工批量/单个增、删、改、查。
访客管理	支持在访客库中进行访客批量/单个增、删、改、查。
权限管理	按照部门或人员，按照指定时间模板， 设置对区域/门组/通道设备的访问权限
设备管理	支持区域/门组/通道增、删、改，和关联和多级区域管理。

续 表

功能参数	描 述
远程开门	支持针对指定通道,执行远程开门操作

7.6.4 智能门禁监控管理及查询统计软件

（1）主运行界面：B/S门禁查询统计软件系统服务器端投入运行后，用户可在校园网中任意一台PC上运行IE，输入门禁查询统计软件系统服务器IP地址后，显示门禁查询统计软件系统主界面。

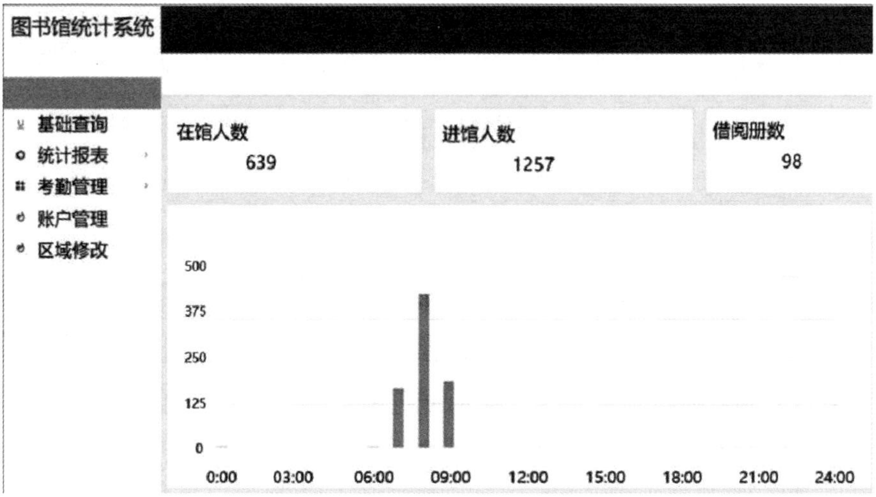

图7-2　管理软件系统主页面示例

用户可以通过点击相应的按钮，进入不同的处理界面；同时主页所显示的照片可由用户在服务器后台中根据需要进行替换。

（2）综合性统计界面：提供符合条件的用户入馆记录查询，查询后，以列表形式按姓名及时间排序显示查询结果。

（3）每日进馆统计界面：提供读者每日多次进馆记录的查询，还可以选择在设定好时间段的情况下显示各个分馆、院系部门等每日进馆统计。

（4）读者入馆排行榜界面：提供读者入馆排行榜，如前十、前三十、前五十、前一百等，根据选定的分馆区域、读者类型、院系部门和时间段来进行排行显示。

（5）用户信息：提供用户信息的新建、删除、编辑、刷新和导出等功能，方便使用客户更好地进行管理和操作。在信息栏里可以显示学工号、物理卡号、姓名、院系部门、用户类型以及有效状态等用户。

7.7 智能门禁通道系统应用要点

在高校图书馆实际应用智能门禁通道系统时，一般需要考虑以下几个重要事项，以确保系统的有效运行和满足安全需求：

（1）系统设计和规划：在部署之前进行详细的系统规划，确定需要安装门禁通道的位置和数量，确保系统覆盖整个图书馆的关键区域；考虑未来扩展需求，确保物理空间和软件系统预留扩展余量。

（2）用户身份验证：选择合适的身份验证方法，如刷卡、二维码、指纹识别、人脸识别等，并保障读者拥有选择非生物特征认证方式的权利，以确保在不违反相关法规的前提下，保证只有授权用户可以顺利进入图书馆；确保用户信息的安全，以防止身份盗用。

（3）数据隐私和安全：确保用户的个人信息、生物特征和身份数据得到充分的隐私保护，只在个人授权且必要的情况下进行数据收集和存储；遵守数据保护法规，特别是对于个人敏感数据的处理；实施物理和逻辑安全措施，以防止未经授权的访问和攻击；定期审查和更新系统的安全策略和设置。

（4）应急情况处理：建立紧急情况处理计划，包括火警、停电、灾难等情况下的紧急疏散和门禁控制，确保门禁通道符合消防法规要求；为图书馆老师和物业管理人员提供必要培训，以确保他们了解紧急情况下的正确操作步骤。

（5）用户培训：定期为图书馆馆员、物业门卫提供培训，使他们了解门禁系统的操作和故障排除；向图书馆用户提供有关系统的信息，以增强他们的服务意识和提高他们的管理水平[17]。

（6）监控和报警：安装监控摄像头，以监视门禁通道区域，及时发现问题并记录事件；配置报警系统，以便在出现异常情况时立即通知安全人员。

综合考虑这些注意事项，有助于确保智能门禁通道系统在高校图书馆的实际应用中提供高效、安全和可靠的门禁管理服务，同时确保用户隐私和安全。

本章参考文献：

[1]丁红海，王建平，赵荣泳．图书馆自动化门禁系统的关键技术与解决方案[J]．机电一体化，2009(2)：46—50.

[2]张信，邝小飞．图书馆指纹门禁系统的设计与实现[J]．物联网技术，2015(3)：82—84.

[3]张正柱．基于指纹识别的图书馆门禁及读者分析系统设计[J]．绵阳师范学院学报，2018(2)：102—106，113.

[4]赵丽娜，刘剑，康犇，等．人脸识别技术在图书馆门禁系统中的应用研究[J]．北华航天工业学院学报，2021(1)：15—17.

[5]詹霞．"门禁系统"对图书馆服务和管理的影响[J]．兰台世界，2014(14)：104—105.

[6]邵正荣，陈超．图书馆管理系统与门禁控制系统的数据接口[J]．现代图书情报技术，2001(4)：29—30.

[7]徐建初，胡绍军．应用智能门禁系统提高图书馆的管理效能[J]．图书馆学研究，2005(5)：29—30，13.

[8]姜元鹏，黄敏，姜淑娟，等．高校图书馆门禁系统的实现与应用[J]．图书馆工作与研究，2011(3)：44—47.

[9]王利生．网络自动门禁系统在图书馆管理中的作用：兼谈华铭AGM-9905M型门禁系统[J]．图书馆学研究，2007(11)：21—22，15.

[10]刘沧德．门禁系统在图书馆的应用[J]．农业图书情报学刊，2008(5)：178—179.

[11]滕清秀．图书馆门禁数据的分析[J]．山东图书馆季刊，2007(2)：

61—62.

[12]尤小平.门禁管理与图书馆服务[J].图书馆建设,2007(6):111—112.

[13]吴凌云,曹洪欣.非接触校园IC卡与图书馆门禁及管理系统集成方法[J].中华医学图书情报杂志,2008(6):69—71.

[14]朱爱兵,丁青.微信公众平台在高校图书馆门禁中的应用研究[J].农业图书情报学刊,2017(10):36—39.

[15]张秀华.图书馆门禁系统与集成管理系统数据同步跟踪的实现:以鲁东大学图书馆为例[J].现代图书情报技术,2009(1):105—108.

[16]黄胜国,李向军,徐文贤.高校图书馆门禁控制系统的组建实践[J].江西图书馆学刊,2006(2):122—123.

[17]郝淑红,李坚.图书馆人文管理之我见:从“门禁系统”的引入谈起[J].图书馆建设,2005(4):77—79.

8 自助打印系统

自助打印系统是方便高校师生快速打印和复印所需各类学习资料和凭证文件，提高打印效率，节约时间和人力成本，同时避免纸张浪费和环境污染的重要服务设备系统。

8.1 自助打印系统应用背景

高校图书馆作为学校的文献资源保障服务中心，师生读者阅读学习的集聚区，对文献资料、学习资料[1]、课程作业[2]、毕业论文[3]、申报材料、就业简历、成绩单[4]、在校证明、工程制图及各类单据等打复印服务需求较大，而传统打复印存在高峰排队时间长[5-6]、人工服务成本高、工作强度大、服务时间有限、数据不安全[7]等种种弊端。图书馆应充分利用校内现有互联网、数据中心、数字化校园平台等软硬件设施[8]，建设便捷化的自助打复印系统[9]，以满足广大师生教学、科研及管理方面的需要[10]。

目前市面上成熟的自助打印服务系统可以较好地满足这一需求。此类系统可用于校园师生自助进行自助文印的智能校园信息化管理系统，可以自助打印的单据证明包括：个人文档、中英文成绩单、中英文学籍证明、中英文离校单、其他证明等，可以拓展：通知单、准考证、信息查询等应用管理。用户可以到校园设置的成绩自助打印服务终端上，刷卡后进行自助服务，系统打印的文件可以自动加盖电子签章，自动进行防伪处理，包括：水印、页眉页脚、条形码、二维码等功能，打印完整后自动计数与计费，自动结算与电子扣费，系统也可以拓展支持其他认证与扣费模式。

8.2 自助打印系统应用原则

为确保自助打印系统能够提供高效、安全、便捷的服务，满足高校图书馆读者的打印需求，该系统在应用时须遵循以下一些原则：

（1）便捷性：自助打印系统具有的功能应该满足读者的实际需求，设置多种支付方式、提供清晰的指示标识和操作指南等，能够方便读者使用，快速完成自助操作，提高各类资料打印、纸本文献复印的效率，提高服务效率。

（2）安全性：自助打印系统应该有安全保障措施，监控网络设备和系统运行状态，对系统运行和操作异常设置报警阈值，保证设备正常运行和财务账目的安全。

（3）可扩展性：自助打印系统应该具备可扩展性，能够随着需求的变化而进行低成本升级和改进，可根据读者需求情况或馆舍空间的调整而在原有管理平台下增添置新的终端自助设备。

（4）可持续性：自助打印系统应该具有可持续性，不仅要安排专门人员负责设备日常运作，及时排除设备故障，补充打印纸和墨盒，还应尽量为设备后期维修、耗材采购提供稳定预算资金。

（5）美观性：自助打印系统应该具有美观的外观，与图书馆的整体建筑风格相协调，可以采用现代化的外观设计和材料，使自助打印系统与馆内装修风格相匹配。

（6）操作友好性：自助打印系统应该易于使用和维护，为读者提供详细的使用说明和操作指南、设立自助服务区安排专人指导等措施可以提高用户的满意度和使用体验。

8.3 自助打印系统应用方案

自助打印服务系统是基于高校图书馆现有网络，采用分布式架构，能够快速实施，进行远程管理、便捷操作，支持与校园一卡通[11]、校务管理、学籍管理、校园网站等系统对接，打通校园信息化系统进行互联协同工作的服务系统。该系统主要功能模块包括：平台管理功能，打印模板管理，单证打印管理，电子签章，防伪控制，费率设置，打印设备管理，配额管理，补助管理，水印管理，信息查询，系统对接，多语言支持等，系统后端管理功能完善，支持打印模板自定义、配额、补助、自动预警、日志报表等众多功能，总的来说，该系统功能丰富、智能自助、安全可靠[12]、运维简便。

8.3.1 自助打印系统拓扑图

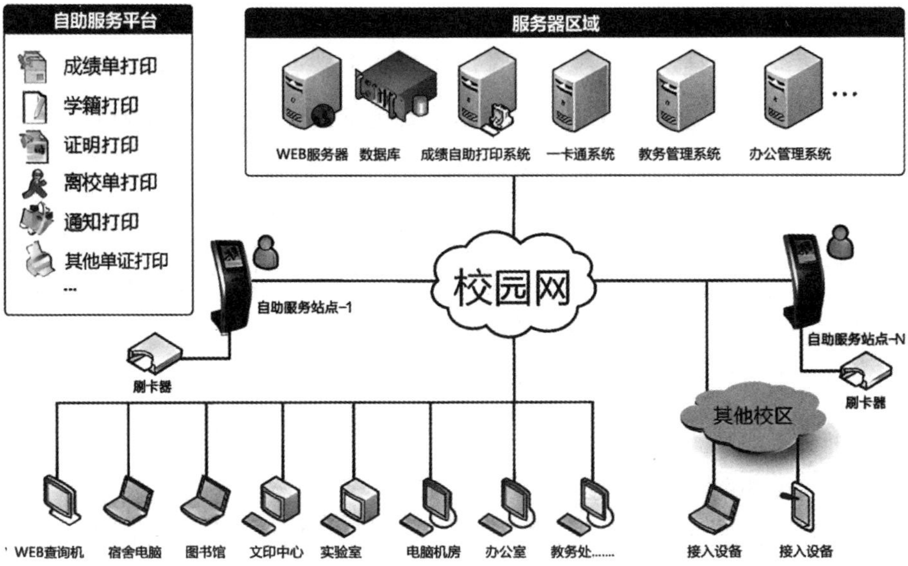

图 8-1 自助打印系统拓扑图

8.3.2 自助打印成绩单操作流程

学生用户准备打印成绩单时的操作流程如下：在自助打印终端刷卡或输入用户名和密码系统，成功登录系统则提示本次是免费打印或是收费打印；如是免费打印则先选择打印模板，在成绩单正常显示后，点击打印按钮即可；如是收费的则先判断账户余额是否足够，如余额充足则先完成扣费，再选择打印模板，在成绩单正常显示后，点击打印按钮即可；如果账户余额不足，则提示需要充值，待用户完成充值后再进行打印。

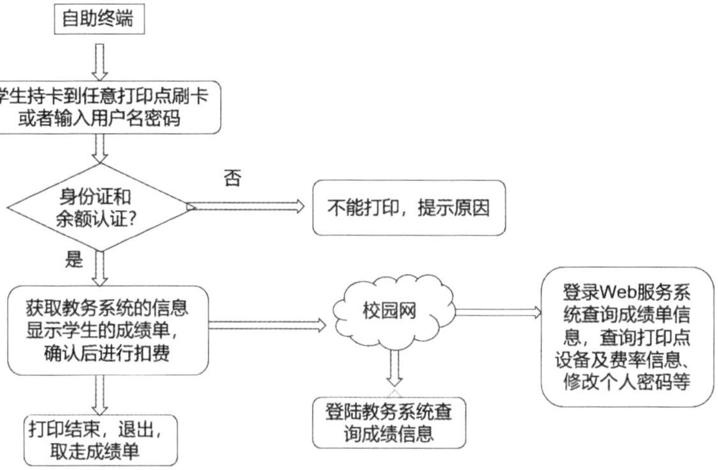

图 8-2　自助打印成绩单操作流程

8.3.3 自助打复印操作流程

师生用户准备打复印文件时的操作流程如下：在个人或公共电脑上输入用户名和密码登录打印系统客户端，成功登录系统后，如需要打印资料，则先通过系统客户端上传打印文件，再判断账户余额是否足够，如余额充足则先进行打印或复印操作，同时系统监控打印输出状态并计数，同步扣除账户余额；如中途账户余额不足则打复印机器中断服务，同时系统界面提示需要充值，待用户完成充值后再进行打复印操作。

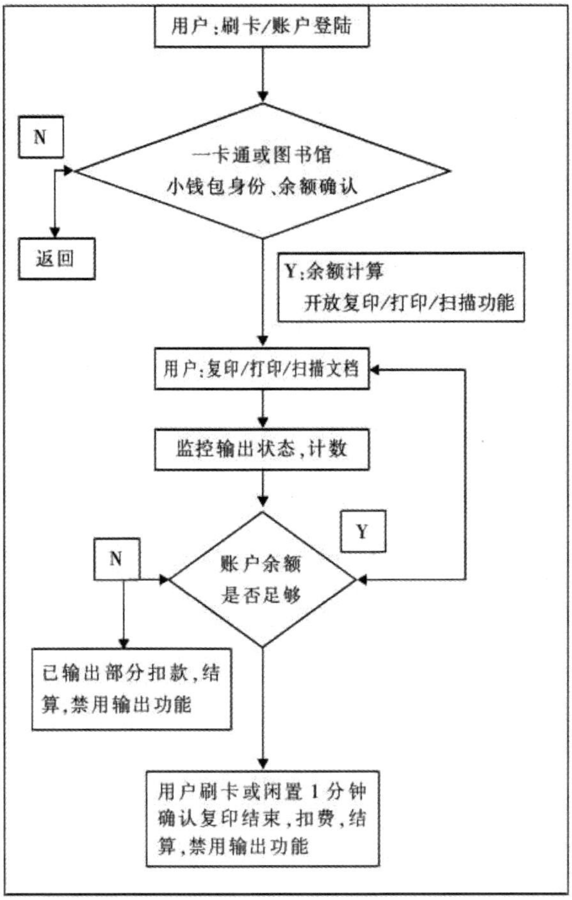

图 8-3　自助打复印操作流程

8.3.4 自助打印系统主要模块功能

8.3.4.1 基础数据管理

基础数据管理模块一般具备以下几项功能：

（1）用户及部门管理：可以自设用户与组织系统，支持对高校部门、院系、学生、教师等信息进行分类管理；对不同类别的用户和组织的权限进行分级设置。

（2）管理员功能配置：添加、删除、修改管理员，设置每个管理员的详细功能权限。

（3）系统数据同步：可以与校园一卡通系统、教务系统、学籍系统、图书系统、机房管理系统、数字化校园等系统通过人工和自动进行数据同步。

（4）用户管理：编辑、删除、禁用启用账户、更改余额、策略设置、账户有效期设置、挂失锁定、充值、退费等。

8.3.4.2 数据库管理

数据库管理模块一般具备以下几项功能：

（1）数据库备份：提供高效、灵活、安全的备份机制；系统管理员可以选择按月、周、天、时分秒等具体时间进行数据定期自动备份、异地备份。

（2）数据库还原：在日常维护及紧急情况，管理员可以根据备份，进行数据库还原。

8.3.4.3 自助式打印、复印、扫描管理

自助式打印、复印、扫描管理模块一般具备以下几项功能：

（1）自助服务：支持学生自主打印、复印、扫描，自助终端上可以提供打印预览。

（2）系统对接：自助打印系统能够与其他系统实现对接，例如校园卡系统、支付系统等。这种对接使得用户可以使用其校园卡或其他指定的身份认证方式进行支付，同时也方便学校或机构对打印服务进行管理和监控。

（3）精确扣费：该功能确保系统能够精确计算用户使用打印、复印、扫描等服务的费用。通过精准计费，用户可以根据实际使用情况支付费用，同时也为图书馆提供了准确的收费依据。

（4）万能驱动：自助打印系统的万能驱动功能允许系统支持各种品牌和型号的打印机驱动。这意味着用户可以连接几乎任何类型的打印机进行打印，无需担心兼容性问题，提高了系统的灵活性和用户的便利性。

（5）阈值管控：系统提供了阈值管控功能，可以根据预设的阈值对用户的打印量或费用进行监控。当用户的打印量或费用超过设定的阈值时，

系统可以自动发出警示提醒，或者进行相应的管控措施，以帮助用户控制打印成本或预防滥用。

（6）费率设置：管理员可以根据需要设定不同的费率，针对不同类型的用户或不同的打印服务制定不同的收费标准。这使得系统能够灵活应对不同用户群体的需求，同时也有助于提高系统的收益和资源利用率。

（7）师生WEB服务：该功能为师生提供了在线服务平台，便于他们管理自己的打印、复印、扫描等操作。通过该服务，师生可以方便地查看打印余额、历史记录等，并进行相关操作，提升了用户体验和自助服务的便利性。

（8）管理员WEB服务：管理员WEB服务是为管理员提供的在线管理服务平台，用于监控和管理系统的运行情况、用户数据、打印数据统计等。这使得管理员能够及时了解系统的运行状态，进行有效的管理和调控，确保系统的稳定运行和服务质量。

（9）智能预警：管理系统能够自动检测打印机的状态和故障，如缺纸、缺墨等，及时通知管理员处理。对于打印站点在 服务中的极端情况，用户可以在现场的自助终端上求助报警，第一时间反馈给管理员解决。

（10）数据安全性：该功能确保系统中的用户数据和打印数据得到安全保护，防止数据泄露或丢失。通过数据加密、访问权限控制等手段，系统可以保障用户数据的机密性和完整性，提高用户信任度并避免信息安全风险。

（11）自动网络恢复：对于异常网络中断事件，管理系统能在网络恢复后自动恢复运营与管理，断网期间已经提交的打印作业不丢失，已经执行的打印操作能得到保存和记录，不会发生计费与管理错误。

（12）计费模式选择：系统提供多种计费模式选择，例如按页计费、按颜色计费、按纸张大小计费等。这使得系统能够根据不同的用户需求和打印服务类型选择最合适的计费模式，提高了系统的灵活性和适用性。

（13）日志管理：该功能用于记录和管理系统的操作日志，包括用户操作日志、打印记录日志、系统运行日志等。通过日志管理，管理员可以追踪和监控系统的运行情况，发现潜在问题并进行及时处理，有助于提升系统的安全性和稳定性。

（14）自动清理：自助打印系统能够进行自动清理操作，包括清理打印机内部的打印残留物、清理打印任务队列等。这有助于保持打印机的良好工作状态，减少故障发生的可能性，提高系统的可靠性和持续性。

（15）预约打印：该功能允许用户提前预约打印服务，选择合适的时间段进行打印操作。通过预约打印功能，用户可以避免在繁忙时段等待排队打印，提高了打印服务的效率和用户体验。

（16）云打印：自助打印系统支持云打印功能，允许用户通过云端服务直接打印文件。用户可以上传文件至云端，然后在自助打印系统上选择并打印文件，提高了打印的便利性和灵活性。

（17）U盘打印：系统支持U盘打印功能，用户可以将文件保存在U盘中，然后将U盘插入自助打印系统进行打印操作，这使得用户可以方便地将存储在U盘中。

（18）一体机支持：支持理光、东芝、柯尼卡美能达、富士施乐、震旦等主流品牌一体机的系统无缝对接并提供各品牌一体机稳定运行的图书馆案例盖章证明文件。

（19）打印机控制器：连接打印机与自助终端，控制打印机的操作，采用USB接口，打印机与控制器只要一根USB线连接，实现供电、数据传输、控制与管理功能，简化部署与维护。

8.3.4.4 单证打印管理

单证打印管理模块一般具备以下几项功能：

（1）自助打印：学生可在自助打印点，刷卡认证后选择成绩单打印，系统自动生成成绩单进行预览，用户确认打印后，系统能够根据费率设置，自动扣除相关打印费用，流水自动同步到一卡通中心。其他单证打印类同。

（2）获取数据内容：当用户选择具体打印功能，后台自动获取相应的数据内容，填充到模板中显示给用户，用户确认后进行打印。

（3）水印功能：系统能打印防伪的带水印的成绩单，水印可以个性化定制，彻底解决伪造问题。

（4）二维码认证功能：打印出来成绩单自动生成防伪查询二维码，需要与查询网站进行关联。

（5）条形码认证功能：打印出来成绩单自动生成防伪查询条形码，需要与查询网站进行关联。

（6）电子签章：在成绩单输出时，系统会自动加盖教务处电子签章，支持红章（鲜章）效果，以防伪造。

（7）自助查询：学生可自助查阅中英文成绩单等内容，其他查询信息内容可以依据学校要求进行定制开发。

（8）自助语音导航：系统采用自助语音提示操作简单方便。

（9）模板管理：系统后台支持打印模板的自定义修改，可以灵活满足用户对打印格式的调整需要；可以定义标题、二维码、水印、签名、盖章、页眉页脚显示内容。

8.3.4.5 与第三方业务系统对接

与第三方业务系统对接模块一般具备以下几项功能：

（1）对接教务系统：与教务系统或学籍系统进行对接，获取成绩单等数据内容。

（2）校园一卡通对接：与校园一卡通对接进行用户刷卡认证和自动电子扣费，系统自带对接库，支持新开普、新中新、宝石、金仕达、理达、三九等一卡通系统，通过标准接口开发实现无缝集成。

（3）与其他业务系统对接：对于其他财务系统、证件系统、读卡设备等提供定制接口开发服务。

8.3.4.6 无人值守

无人值守模块一般具备以下几项功能：

（1）自助操作：用户在自助终端自助操作；无需进行培训即可根据人机对话提示，进行快捷操作，自行完成成绩单打印等业务。

（2）自动计费扣费：用户所有计费扣费过程都由自助服务终端操作完

成，无需专人值守。

（3）断网恢复：在遇到断网断电或系统故障等突发状况后，系统重启后可以自动恢复自助服务选项。

（4）同时提供远程管理配置、自动预警等功能。

8.3.4.7 打印设备管理

打印设备管理模块一般具备以下几项功能：

（1）打印设备信息：可以设置相应的打印点名称、打印地址、IP、邮箱地址、联系电话、打印机设备名称以及其他主要参数等内容。

（2）打印设备权限：管理员可设置打印点的使用权限，只有已授权限的用户可以使用。

8.3.4.8 配额管理

配额管理模块一般具备以下几项功能：

（1）配额设置：因特殊需求，可以针对特定用户进行打印配额设置，也可以针对个别部门进行配额管理，灵活应对管理过程中遇到的打印数量限制需求。

（2）智能配额管理：可以按时间定期分配配额，可以按用户或者部门分配配额。

8.3.4.9 安全机制

安全机制模块一般具备以下几项功能：

（1）安全控制：实现用户文件传输过程中的控制、压缩、加密，谨防数据被拦截或篡改，打印点不留存打印文件信息。

（2）认证环节：读者在自助服务终端刷身份卡或输入用户名及密码认证后，选择自己上传的准备打印的内容。

8.3.4.10 费率管理

费率管理模块一般具备以下几项功能：

（1）扣费规则：自助打印系统提供多种扣费模式：按页计费，根据打印的页数来计费，不同类型的文档可能会有不同的计费标准，例如黑白打印和彩色打印可能有不同的价格；按颜色计费，针对彩色打印服务，根据打印的颜色数量和页面数量来计费，通常彩色打印会比黑白打印更昂贵；按纸张大小计费，根据打印所使用的纸张尺寸进行计费，例如A4纸和A3纸可能有不同的费用标准；套打计费，如果用户选择双面打印或者多页打印，可能会根据打印的方式和要求进行不同的计费；用户身份计费，针对不同的用户身份（如学生、教师、访客等），系统可能会设置不同的计费标准，以满足不同用户群体的需求；充值制度，用户可以通过预先充值账户的方式来支付打印费用，系统会根据实际打印消费来自动扣除相应的金额。

（2）扣费模式：自助打印系统提供多种扣费模式：即时扣费，每产生一次计费即时扣费，如复印一张即扣费一次，杜绝逃废问题；操作完成后统计扣费，系统检测到操作完成指令后把本次操作费用一次结清并做记录。费率设置，管理者可以按照实际需要进行费率设置，可以免费打印几张成绩单，根据需求自定义，如第一张免费，参数设置灵活。费率报表，系统可以提供详细的日常流水及完整的财务报表，同时支持excel文档导出。费率记录，提供详细的财务记录功能，方便管理员进行核查与管理监控。

8.3.4.11 报警预警

报警预警模块一般具备以下几项功能：

（1）耗材预警：自助打印系统通过监测打印机耗材（例如墨盒、墨粉、纸张等）的消耗情况，能够提前预警用户耗材不足的情况。系统会通过警示信息或者其他提醒方式通知用户或管理员需要及时更换耗材，确保打印服务的连续性和质量。

（2）故障报警：自助打印系统具备故障检测和报警功能，能够监测打印设备的工作状态。当打印设备发生故障或异常情况时，系统会自动发出警报或通知管理员，帮助其及时处理故障，保证打印服务的正常运行。

（3）用户报警：系统能够监测用户的打印行为，并根据设定的规则判断是否存在异常操作或者不当行为。当系统检测到用户的异常操作或者违规行为时，会发出相应的报警信号或通知，提醒管理员对用户行为进行监控或采取相应的管理措施。

（4）多种通知模式：自助打印系统提供多种通知模式，包括但不限于短信通知、邮件通知、手机应用推送、系统警示信息等方式。管理员可以根据实际需求和场景选择合适的通知模式，以确保及时有效地将重要信息传达给相关人员，提高系统管理的效率和便捷性。

8.3.4.12 信息查询

信息查询模块一般具备以下几项功能：

（1）用户个人信息查询：系统提供详细的信息查询功能，管理员可以查询到每个用户的账户金额、配额，已经打印的每一笔记录、历史消费记录，汇总报表及详细内容等。

（2）管理员信息查询：管理员可以进行权限范围内的系统信息查询，可以查询用户的信息，可以查询管理信息等

（3）打印站点查询：管理员可以发布打印站点的开放时间，状态、维护信息等，方便用户查看。

8.3.4.13 日志系统

日志系统模块一般具备以下几项功能：

（1）日志记录：提供详细的操作日志、资金日志，详细记录打印：时间、数量、份数、用户名、打印站点、打印机、计费金额、扣费方式等。

（2）日志保存：系统可以支持查询系统各项日志信息并导出 excel 文档，实现存档或备案管理。

（3）日志维护：系统日志可以自动进行清理，根据服务器容量实际情况设置需要保存的天数，同时要防止日志文件过大导致硬盘与系统的崩溃，减少管理手工维护负担。

8.3.4.14 报表中心

报表中心模块一般具备以下几项功能：

（1）充值信息：对自行收费管理的情况，可以快速直观地统计出管理员给用户的充值情况。

（2）收入信息：可以快速直观地统计出打印站点的收入。

8.3.4.15 补助发放

补助发放模块一般具备以下几项功能：

（1）打印补助：给予用户、部门等免费打印的额度，不超出这个额度打印免费。

（2）按策略发放：可以按各种时间段自动发放补助，可以指定部门。

（3）手动发放：根据不同的用户情况，管理员直接增减补助。

8.3.4.16 Web服务

Web模块一般具备以下几项功能：

（1）服务：提供通用B/S架构的远程管理、查询等服务。

（2）管理员WEB功能：管理员可以通过WEB服务：进行系统的管理设置、打印点的配置、权限设置、费率等众多参数的设置，完全远程管理，不需要安装客户端程序；系统信息的查询、统计、报表功能；信息发布功能；数据清理等众多功能。

（3）师生用户WEB功能：学校师生用户可以通过WEB服务，进行个人打印流水、消费记录的查询，以及打印点信息查看，查看后端管理员发布信息等。

8.3.4.17 系统维护

系统维护模块一般具备以下几项功能：

（1）自助打印点：打印点管理程序支持自启动、自保护、自恢复、自升级更新，免维护。

（2）分布式部署：WEB服务器、打印系统中心服务器、数据库服务器，可以分布式安装，也可安装到一台机器上，适应各种现有学校环境。

8.3.5 自助打印系统特点

自助打印系统功能丰富，通常具有以下特点：

（1）分布式构架：系统为三层架构设计，中心服务器支持远程数据库的存储与访问，实施灵活，安全性高。系统采用C/S+B/S管理模式，提供WEB管理服务进行远程系统管理、配置、查询，提供个人用户WEB查询与管理服务。

（2）大型应用支持：系统架构先进性能好，支持大型用户大型网络的自助服务，响应快，支持分校区管理。

（3）自动网络恢复：对于异常网络中断情况，系统在网络恢复后自动恢复连接与管理。

（4）传输安全：系统对于网络数据传输均采用了加密，保证了数据传输的安全性。

（5）数据压缩：系统的所有数据传输均应用了高效数据流压缩算法，极大节省网络带宽，适合校园网与多校区网络应用。

（6）通信协议：服务器通信采用TCP协议进行常规通信，系统只发送少量ARP包、广播包，不影响任何网络应用。

（7）数据备份安全：提供数据备份管理工具，支持异地备份，数据安全性高，防灾可恢复性好。

（8）与其他系统对接：支持与校园现有一卡通系统进行无缝对接，支持与校务管理、学籍管理等系统的对接[4]。

（9）设备支持：支持各种品牌规格打印机，支持大容量纸盒配置。

（10）系统升级维护：远程自动更新与升级，远程运维管理。

（11）多种计费模式：提供学生配额（补助）管理，提供自建账号管理，支持校园一卡通对接。

（12）电子签章：自动电子签章，支持红章（鲜章）的自动打印。

（13）防伪应对：支持水印、页眉页脚、二维码等防伪技术，可实现与校园网站关联的认证查询。

8.4 自助打印系统应用要点

自助打印系统在实际应用时需要考虑以下一些注意事项，以确保该系统顺利运行，保证服务质量，同时避免污染环境：

（1）合理规划：高校图书馆应根据在校生规模、层次、出入馆流量、附近文印竞争情况综合考量建设规模和价格设定区间，尽可能地在满足读者需求的同时，提高设备使用效率，收回设备投入成本。

（2）注意健康：由于打印机在频繁使用时，会产生大量的粒径≤0.50 μm的颗粒物[13]、挥发性有机物、臭氧等污染物[14]，影响室内空气质量，危害用户健康；因此，自助打印设备应摆放在远离（大于3米）工作人员，且空气流通良好的位置[15]，这样有助于降低污染物浓度，以保护师生用户的身体健康。

（3）设备选型：选择高质量的自助打印复印设备，确保它们耐用且可靠；考虑设备的性能，如打印速度、纸张容量和多功能性。

（4）设备布局和位置：合理规划设备的布局，确保它们容易找到和访问；将设备放置在高流量区域，以便学生和教职员工快速识别与使用；同时要储备充足的打印纸、墨盒等耗材，以备在使用高峰时期随时补充。

（5）定期维护自助设备，包括更换耗材和解决硬件故障；及时响应问题并提供技术支持，以解决用户可能遇到的麻烦；定期收集用户反馈，以改进设备性能和用户体验；尽量提高读者使用率。

（6）做好数据接口：提前安排潜在供货商联系需要对接的各业务系统厂家（如校园一卡通、教务系统、学籍系统等），协商好系统接口技术方案与费用，以便在项目实施后尽早完成刷卡扣费、流水查询、自动结算、打印成绩单及其他功能的对接与测试，降低项目建设风险，提高系统实施的工作效率和成功率。

本章参考文献：

[1]陈玲.简论打印复印技术在黄山学院图书馆的应用[J].科技情报开发与经济,2010(6):45—46.

[2]刘宏艳.高校自助打印复印系统的实现[J].情报探索,2009(8):96—98.

[3]全河清,陈钧议,敖卓俊,等.高校云打印文创社区探索与创新:以广州工商学院花都校区为例[J].产业创新研究,2020(12):183—184.

[4]陈丽萍.B/S架构下高校学生自助打印系统的设计与实现:以东北财

经大学为例[J].辽宁师专学报(自然科学版),2020(3):53—56.

[5]潘毅,孔叶恺,杜苜菁,等.互联网共享云打印的理论构建与高校实践[J].现代信息科技,2020(3):125—127.

[6]孙淇沅,黄娟.基于SaaS共享模式下的云打印服务在高校发展对策分析[J].智库时代,2019(19):291—292.

[7]石玉阳,尹孟园,李冰倩,等.高校云打印平台的探索与思考[J].科技视界,2019(26):55—56.

[8]刘崚嵘.浅析高校图书馆自助复印、打印、扫描系统的发展和应用[J].井冈山医专学报,2009(3):104—106.

[9]王时绘,周朝阳.基于校园一卡通的自助复印系统研究[J].计算机时代,2007(6):45-46.

[10]赵志强,张雁.高校图书馆电子阅览室网络打印解决方案[J].图书馆学研究,2009(4):50—53.

[11]欧阳坚.高校校园一卡通的自助打印、复印系统研究及实践[J].科技广场,2009(7):141—143.

[12]自助打印绑定校园卡系统破解高校打印服务难题:佳能校园自助文印管理解决方案服务校园师生[J].中国教育信息化,2014(2):86—87.

[13]吕利枝,刘林,苏明阳,等.打印机释放颗粒物的特征与影响因素[J].环境与职业医学,2020(9):833—839.

[14]吕利枝,段淑敏,王云.打印复印设备释放污染物与健康效应[J].中国公共卫生,2020(10):1523—1528.

[15]赵西平,卜妮娜.西安某高校打印室环境的空气污染分析[J].陕西教育(高教版),2013(2):127—128.

附录1　高校智慧图书馆重要设备系统整体评估表

评估指标 系统名称	技术先进性	技术成熟度	系统重要性	系统复杂性	建设紧迫性	建设费效比
一体化机房	3	5	5	4	5	5
服务器存储	4	5	5	4	5	4
RFID智慧图书馆	4	4	4	4	3	3
智能播控	3	4	4	3	5	5
云桌面	3	4	4	3	3	4
微录播	4	5	5	3	4	5
门禁通道	4	5	5	4	5	5
自助打印	3	5	4	4	4	5

注：指标数值范围1~5，数值越大说明该评估指标越高。

附录2　高校智慧图书馆设备系统应用涉及的技术标准和规范

1.《数据中心基础设施工程技术规范》(YD/T 5235—2019)

2.《互联网数据中心(IDC)工程施工监理规范》(YD/T 5237—2017)

3.《计算机信息系统雷电电磁脉冲安全防护规范》(GA 267—2000)

4.《计算机信息系统防雷保安器》(GA 173—2002)

5.《计算机信息系统(场地)防雷安全检测技术规范》(DB41/T 726—2022)

6.《配电系统电气装置安装工程施工及验收规范》(DL/T 5759—2017)

7.《电气接地工程用材料及连接件》(DL/T 1342—2014)

8.《建筑内电缆布线用安装式耦合器》(JG/T 297—2010)

9.《模块化组合式机房设计规范》(YD/T 5239—2018)

10.《计算机和数据处理机房用单元式空气调节机》(GB/T 19413—2010)

11.《计算机场地安全要求》(GB/T 9361—2011)

12.《大楼通信综合布线系统 第2部分:电缆、光缆技术要求》(YD/T 926.2—2009)

13.《互联网数据中心(IDC)综合布线系统》(YD/T 2963—2015)

14.《综合布线系统工程施工验收规范》(GB/T 50312—2007)

15.《互联网数据中心(IDC)技术和分级要求》(GB/T 43331—2023)

16.《互联网数据中心(IDC)安全防护要求》(YD/T 2584—2015)

17.《互联网数据中心(IDC)工程施工监理规范》(YD/T 5237—2017)

18.《互联网数据中心基础设施监控指标规范》(YD/T 4275—2023)

19.《数据中心接入以太网交换机设备技术要求》(YD/T 3096—2016)

20.《互联网数据中心运维管理技术要求》(YD/T 2727—2014)

21.《视频安防监控系统工程设计规范》(GB 50395—2007)

22.《安全防范人脸识别应用人证核验设备通用技术要求》(GA/T 1755—2020)

23.《安防人脸识别应用视频人脸图像提取技术要求》(GA/T 1344—2016)

24.《安全防范人脸识别应用视频图像采集规范》(GA/T 1325—2017)

25.《安全防范人脸识别应用静态人脸图像采集规范》(GA/T 1324—2017)

26.《安全防范人脸识别应用程序接口规范》(GA/T 1326—2017)

27.《活体指纹图像采集、拼接应用程序接口规范第1部分:采集设备应用程序接口规范》(GA/T 626.1—2006)

28.《安防指纹识别应用系统第7部分:指纹采集设备》(GA/T 894.7—2012)

29.《配电系统电气装置安装工程施工及验收规范》(DL/T 5759—2017)

30.《公共广播系统工程技术规范》(GB 50526)

31.《无线通信室内覆盖系统工程验收规范》(YD/T 5160—2015)

32.《无线局域网测试规范》(GB/T 32420—2015)

33.《室内用LED显示屏多媒体系统验收规范》(SJ/T 11711—2018)

34.《LED显示屏现场测量方法》(DB35/T 1968—2021)

35.《防静电活动地板通用规范》(GB/T 36340—2018)

36.《智能建筑防雷设计规范》(QX/T 331—2016)

37.《智能建筑工程质量验收规范》(GB 50339)

后　记

随着科技日新月异的发展，高校智慧图书馆正站在历史的新起点，面临前所未有的机遇和挑战。在这个背景下，对其相关先进设备系统的应用研究显得尤为重要，它们是推动高校图书馆服务与管理革新的核心驱动力。本书详细探讨了微模块机房、服务器存储、RFID、云桌面等硬件设备在高校智慧图书馆中的应用，旨在提高图书馆的服务效率、资源利用率，使其更好地适应信息时代的步伐。

然而，图书馆仅仅依赖硬件设备是不够的。为了确保高校智慧图书馆的服务质量，提高图书馆的服务效率、资源利用率，满足读者日益多元化的需求，我们还需要一系列重要的软件系统。这些软件不仅涵盖了服务器虚拟机、运行监控、集群管理和灾备软件等后端支撑系统，还包括了智慧化图书分类与检索系统、虚拟现实（VR）与增强现实（AR）技术、智慧化阅读推荐系统、个性化学习支持系统、数据分析与预测分析系统、开放式数据平台与数字化合作平台、开放式学习空间设计系统、知识图谱与语义检索应用、智慧化管理系统、智慧化学术交流平台等多个前端服务领域。

未来的图书馆不仅仅是一个储存和借阅图书的场所，更是一个集智慧化、数字化于一身的学术信息中心。通过整合人工智能、大数据、物联网等前沿技术，高校图书馆将深刻改变其服务模式和管理方式，更好地适应未来学术和信息环境的需求。我们期待着高校智慧图书馆能够为广大师生提供更加便捷、高效和个性化的学术研究与知识传播支持。

王宇新

2024年2月